고정욱의 꿈일력 365

아침에 품은 한 문장, 하루가 달라진다!

고정욱 글 | 규하나 그림

한솔수북

고정욱의 꿈일력 365

아침에 품은 한 문장, 하루가 달라진다!

고정욱 글 | 규하나 그림

한솔수북

고정욱

장애를 아동문학에 투영하여 새로운 장르를 개척했다는 평가를 받고 있습니다. 《책이 사라진 날》, 《다정한 말, 단단한 말》, 《아주 특별한 우리 형》, 《안내견, 탄실이》, '까칠한 재석이 시리즈' 등을 포함, 총 350여 권의 저서를 발간했습니다. 특히 《가방 들어 주는 아이》는 과거 MBC 느낌표의 '책책책, 책을 읽읍시다' 선정 도서이며, 초등학교 교과서에도 실려 있습니다.

이메일 : kingkkojang@hanmail.net | 유튜브 : 고정욱tv

규하나

'하나와 둘'이라는 팀 안에서 일러스트레이터로 활동하고 있습니다. 《크리스마스 편지》 그림책 출판을 시작으로 〈제21회 서울디지인페스티벌 SDF 메인 키비주얼 일러스트〉, 〈현대자동차 PALISADE HOUSE 키비주얼 포스터〉, 〈네이버 스페셜 로고 콜라보〉, 〈SSF SHOP Magazine 일러스트〉, 〈CJ 올리브영 : 2023 기프티 카드 9종 일러스트〉 등 다양한 작업 활동을 하고 있습니다.

이메일 : kyuhana912@naver.com | 인스타 : kyuhana_

프롤로그

하루하루는 내가 가장 아름답게 꾸미고
가꿔야 할 소중한 보석입니다.

"응애! 응애!"

힘찬 울음소리로 이 세상에 온 아기는 자신만의 삶을 시작합니다. 그렇게 하여 대개 100살까지 살 수 있습니다. 100년은 참 긴 세월입니다.

하지만 그 긴 세월도 자세히 살펴보면 아침에 해가 뜨고 저녁에 해가 지는 하루하루가 모여서 만들어진 시간입니다. 하루 24시간은 짧지만 크게 보면 일평생을 사는 것과 마찬가지입니다. 아침에 눈을 뜨는 것은 태어나는 것이나 마찬가지니까요. 하루를 잘 살면 평생을 잘 사는 비밀이 바로 여기에 있습니다.

그렇기에 아침에 눈을 떠서 어떤 생각을 하느냐가 무척 중요합니다.

"아이, 지겨운 하루 또 시작되었네. 학교 가기 싫은데."

이렇게 부정적으로 생각한다면 그날 하루는 정말 괴로운 날이 됩니다.

"아, 오늘도 신나는 하루다. 내 꿈을 향해 달려야지."

이런 긍정적인 생각을 하면 그날 하루는 다이아몬드처럼 멋진 날이 됩니다.

고정욱의 꿈일력 365

아침에 품은 한 문장, 하루가 달라진다!

글 고정욱 그림 규하나

초판 1쇄 펴낸 날 2023년 12월 15일
펴낸이 조은희 **편집장** 한해숙 **기획·편집** 신경아, 이경희 **디자인** 최성수, 이이환
마케팅 박영준, 한지훈 **홍보** 정보영, 박소현 **경영지원** 김효순
펴낸곳 ㈜한솔수북 **출판등록** 제2013-000276호
주소 03996 서울시 마포구 월드컵로 96 영훈빌딩 5층
전화 02-2001-5822(편집), 02-2001-5828(영업) **전송** 02-2060-0108
전자우편 isoobook@eduhansol.co.kr **블로그** blog.naver.com/hsoobook
인스타그램 soobook2 **페이스북** soobook2
ISBN 979-11-93494-04-2

어린이제품안전특별법에 의한 제품 표시
품명 도서 | 사용연령 만 7세 이상 | 제조국 대한민국 | 제조사명 (주)한솔수북 | 제조년월 2023년 12월

- 저작권법으로 보호받는 저작물이므로 저작권자의 서면 동의 없이
  다른 곳에 옮겨 싣거나 베껴 쓸 수 없으며 전산장치에 저장할 수 없습니다.
- 값은 뒤표지에 있습니다.

큐알 코드를 찍어서
독자 참여 신청을 하시면
선물을 보내 드립니다.

한솔수북의 모든 책은
아이의 눈, 엄마의 마음으로 만듭니다.

나는 어린이들에게 멋진 하루를 선물하려고 이 꿈 일력을 만들었습니다. 아침에 일어나자마자 큰 소리로 한 번 읽고, 마음을 다진 뒤 하루를 시작하세요. 그러면 나보다 먼저 이 세상을 멋지게 사신 위인들의 가르침이 내 안에 쏘옥 들어올 겁니다. 기적이 일어날 겁니다.

하루하루는 내가 가장 아름답게 꾸미고 가꿔야 할 수중한 보석입니다. 꿈을 잊지 않고 노력하는 오늘은 내가 나에게 줄 수 있는 최고의 선물입니다. 이 꿈 명언들이 나의 소원을 이루게 해 줄 것이니까요.

고정욱

12월
31

끝은 우리가 시작하는 곳이다.

토머스 엘리엇
영국의 시인, 극작가, 문학 비평가예요.
1948년에 노벨 문학상을 받았습니다.

고정욱의 한 마디 ◦ 계절의 순환을 보세요. 봄, 여름, 가을, 겨울이 계속 되풀이됩니다. 무엇인가가 늘 새롭게 시작되지요. 그렇듯 우리도 희망을 가지고 새로운 것을 받아들여야 합니다. **오늘 이렇게** ◦ 새해 희망이 무엇인지 열 가지 적어 보세요.

1월

12월
30

실패를 경험하는 것을 두려워하지 말자. 실패는 재도전의 기회와 용기를 주니까.

새뮤얼 스마일스
스코틀랜드 작가예요. 단순한 정치 개혁만으로는 이 사회에 만연한 악들을
제거하지 못한다고 여겨, '개인 개혁'의 중요성을 강조하며 자조의 정신을 설파했어요.
'스마일스의 4대 복음서'로 일컬어지는 《자조론》,《인격론》,《검약론》,《의무론》 등을 펴냈습니다.

고정욱의 한 마디 실패로 힘들거나 어려울 수 있습니다. 하지만 중요한 것은 언제든지 우리는 다시 시작할 수 있다는 사실입니다. 시작하고 또 시작하다 보면 언젠가 새로운 삶이 빛나게 될 것입니다. **오늘 이렇게** • 새해의 결심을 적어 놓고 열심히 실천하세요.

1월

1

가장 개인적인 것이
가장 창의적인 것이다.

마틴 스코세이지
역사상 최고의 영화감독은 누구인가라는 질문에
절대로 빠지지 않고 오르는 감독이에요. 팔순이 넘은 현재까지
꿋꿋이 개인적인 비전과 개성이 담긴 작품 세계를 펼쳐 보이고 있습니다.

고정욱의 한 마디 나의 경험은 누구도 생각해 낼 수 없는 것이기에 잘만 활용하면 창의적이에요. 그렇기에 자신의 개인적인 체험을 잘 기록하고 정리해서 활용할 수 있어야 해요. **오늘 이렇게** • 소중한 나의 경험을 한 가지라도 꼭 적어 보세요.

12월 29

희망은 좋은 것이고, 어쩌면 최고의 것일 수도 있고, 좋은 것은 결코 죽지 않습니다.

스티븐 킹

미국의 공포, 초자연, 서스펜스, 과학 및 환상 소설의 작가이자 극작가, 음악가, 칼럼니스트, 배우, 영화 제작자, 감독이에요. '호러의 왕'이라는 별명이 붙을 정도로 호러 소설을 잘 썼지만 SF, 판타지, 단편 소설, 논픽션, 연극 대본 등도 많이 썼습니다.

고정욱의 한 마디 우리가 살아 있는 한 우리에겐 늘 희망이 있습니다. 그래서 그 희망을 향해 나아갈 수 있는 것입니다. 희망이 있기에 우리 삶은 지속됩니다. **오늘 이렇게** • 나에게 희망을 줄 만한 책을 찾아 제목을 적어 놓고 새해 첫날부터 읽으세요.

1월

2

가장 바쁜 사람이 가장 많은 시간을 갖는다.

비네
프랑스 신경학자예요. 법률가를 그만두고 의학 연구에 전념했어요.
실험심리학의 발전과 지능 측정에 크게 이바지했습니다.

`고정욱의 한 마디` 한두 가지 일을 하루 종일 하는 사람은 그 일조차 힘겹게 해냅니다. 하지만 바쁜 사람은 바쁜 만큼 시간 관리를 잘해요. 그렇기에 시간 여유도 얼마든지 만들어 낼 수 있지요. **오늘 이렇게** • 하루 시간표를 만들어 보세요. 그러면 더 알뜰하게 시간을 쓸 수 있답니다.

12월 28

게으른 선비
설날에 다락에 올라가 글 읽는다.

속담

고정욱의 한마디 1년 내내 게으르게 지내다 새해 바쁜 날 글 읽는 체하는 선비를 비꼬는 말입니다. 할 일은 미리미리 해야 합니다. 그래야 연말에 서두르지 않게 됩니다.
오늘 이렇게 • 내년에 꼭 해야 할 일을 새 달력에 표시해 놓으세요.

1월

3

가장 좋은 것은 가장 나쁜 것에서부터 나온다.

마이클 조던
미국 NBA 출신 은퇴한 농구 선수예요.
농구 역사상 가장 위대한 선수로 인정받고 있습니다.

고정욱의 한 마디 나쁜 일이 일어나기를 바라는 사람은 없어요. 하지만 곰곰이 생각해 보면 나쁜 일에서도 좋은 일로 바꿀 수 있는 실마리를 찾아낼 수 있답니다. **오늘 이렇게** 힘든 일이 생기면 마음을 가라앉히고 찬찬히 들여다보며 원인을 찾아보세요.

12월 27

희망은 두려움보다 강한 유일한 것이다.

수잰 콜린스
미국 방송 작가, 소설가예요.
대표 작품으로 《헝거 게임》이 있습니다.

고정욱의 한 마디 두려움은 사람을 소극적으로 만듭니다. 위축되게 하지요. 하지만 그것보다 강한 것이 희망입니다. 희망이 있기에 동물들은 겨울잠을 자고 인간들은 힘을 비축하여 기회를 노리게 됩니다. **오늘 이렇게** • 새해에 힘차게 떠오르는 해를 그려 보세요.

1월
4

가장 큰 영광은
한 번도 실패하지 않는 것이 아니라
실패할 때마다
다시 일어나는 데에 있다.

공자
중국 춘추 시대의 사상가, 학자예요. 노나라 사람으로, 여러 나라를 두루 돌아다니면서
'인'을 정치와 윤리의 이상으로 하는 도덕주의를 설파하고,
덕치 정치를 강조했습니다.

고정욱의 한 마디 포기하지 않는 자만이 영광을 맛본다는 뜻이에요. 실패를 거울삼아 목표를 향해 꿋꿋이 나아가는 것이 중요하지요. **오늘 이렇게** "실패는 누구나 할 수 있는 거야. 하지만 난 좌절하지 않아."라고 크게 열 번 외쳐 보세요.

12월 26

끝은 무한히 재현 가능한 새로운 시작일 뿐이다.

장 폴 사르트르
프랑스의 작가, 사상가예요.
프랑스 지식인들에게 큰 영향을 미쳤습니다.

고정욱의 한 마디 끝이 난다고 두려워하지 마세요. 새로운 것이 시작되는데 그 새로운 것은 또 전의 것과 비슷한 것입니다. 반복되는 일상과 반복된 삶에서 우리는 희망을 얻어야 합니다. **오늘 이렇게** • 올해 마무리가 되지 않은 일들을 찾아 하나씩 마무리하세요.

1월

5

가장 큰 행복이란, 사랑하고 그 사랑을 고백하는 것이다.

앙드레 지드
1947년 노벨 문학상을 받은 프랑스의 작가예요.
20세기 프랑스 소설 및 현대 소설에 많은 영향을 미쳤습니다.

고정욱의 한 마디 예수도 사랑을 부르짖었고, 부처도 자비를 설파했어요. 사랑하면 악을 행하지 않게 되지요. 다른 이에게 아무 해도 입히지 않아요. 그러니 모두의 행복이 이루어지게 됩니다. **오늘 이렇게** • 사랑하는 사람을 떠올려 보고 지금 바로 "사랑해요!"라고 소리 내어 말해 보세요.

12월 25

남의 일 보아주려면
3년은 보아줘야 한다.

속담

고정욱의 한 마디 남의 집에 상이 났을 때 도와주려면 3년 제사 때까지 도와주라는 뜻으로, 남의 일을 도와주려거든 끝까지 도와주어야 한다는 말입니다. 돕는다는 것은 함께한다는 것이므로 중간에 한쪽이 그만두면 일을 그르치게 됩니다. **오늘 이렇게** • 함께 하기로 한 일들이 잘 진행되고 있는지 점검해 보세요.

1월 6

강한 종이 살아남는 것이 아니다.
현명한 종이 살아남는 것도 아니다.
변화하는 종이 살아남는다.

찰스 다윈
영국의 생물학자이면서 박물학자예요.
오랜 연구 끝에 자연 선택을 통해 생물이 진화한다는 진화론을 발표했습니다.

고정욱의 한 마디 ▶ 생물이 주위 환경에 맞게 변화하는 걸 적응이라고 합니다. 오랜 시간에 걸쳐 변화하는 것은 진화라고 하지요. 진화를 통해 살아남아야 합니다. **오늘 이렇게** ● 학교나 학원 갈 때 평소와는 다른 여러 길로 가 보세요. 나중에 그중 하나의 길이 막혔을 때 헤매지 않을 수 있을 거예요.

12월 24

끝났다고 울지 말고, 일어난 일이니까 웃어라.

닥터 수스
미국의 만화가, 작가예요.
특이한 등장인물과 말장난이 특징인 동화책을 냈습니다.

고정욱의 한 마디 우리가 겪는 불행이나 어려움은 사실 다 주어진 것들입니다. 내가 원해서 겪게 된 일은 하나도 없습니다. 슬퍼하고 우울해할 필요가 없습니다. 차라리 웃는 것이 좋습니다. 이미 벌어진 일은 나의 잘못이 아니기 때문입니다. **오늘 이렇게** • 신나는 만화영화 한 편을 보세요.

1월
7

공은 '우리'에게 돌리고, 책임은 '나'에게 돌려야 한다.

안창호
일제 강점기에 활동한 독립운동가로, 호는 도산이에요.
신민회를 조직해 운동하다 1913년 샌프란시스코에서 흥사단을 만들었습니다.

고정욱의 한 마디 지도자는 자신이 1등 하는 사람이 아니라, 자신이 속한 조직을 1등으로 만드는 사람이에요. '우리'라는 말은 아주 좋은 말이지만, 지도자가 책임을 떠넘기거나 책임을 지지 않는 데에 이용하는 것은 비겁한 일입니다. **오늘 이렇게** • "책임지는 건 두려운 일이 아니라, 멋진 일이야."라고 외쳐 보세요.

12월 23

얻은 것은 이미 끝난 것이다.
기쁨의 본질은 그 과정에 있으므로.

윌리엄 셰익스피어
세계적으로 유명한 영국 극작가예요. 16세기 말에서 17세기 초에 쓴
그의 희곡은 오늘날에도 세계 여러 나라에서 자주 공연됩니다.

고정욱의 한 마디 무엇이든 최선을 다하면 마지막에 뿌듯합니다. 하지만 그것이 끝입니다. 뿌듯함의 본질은 과정에서 겪은 슬픔, 좌절, 극복, 실수 등과 그것들을 넘어선 데 있을 것입니다. 이제 새로운 목표를 향해 나아갈 때입니다. **오늘 이렇게** • 내가 해낸 일을 떠올려 보고 그 일을 하면서 겪은 일을 글로 써 보세요.

1월

8

그 누구도 혼자서는 지혜로울 수 없다.

플라우투스
고대 로마의 희극 작가예요.
기교를 살린 복잡한 줄거리와 기지를 살린 대화, 사람을 웃기는 희극적인 힘,
그리고 성실과 조소가 공존하는 작품을 썼습니다.

`고정욱의 한마디` 나 혼자만의 생각은 우물 안 개구리처럼 좁은 세상에 갇힌 생각이에요. 여러 사람의 지혜를 합치면 좀 더 올바른 판단을 할 수 있습니다. 협력과 소통은 그만치 중요합니다. **오늘 이렇게** • 어떤 일을 결정할 때는 친구나 가족, 선생님의 말을 귀 기울여 들어 보세요.

12월 22

모든 새로운 시작은 다른 시작의 끝에서 비롯된다.

세네카
고대 로마의 정치가예요. 네로 황제의 스승이었지요.
소크라테스를 존경하던 철학자였으며, 당대 최고의 웅변가였을 뿐만 아니라
뛰어난 비극 극작가이자 감정이 풍부한 시인이었습니다.

고정욱의 한 마디 불교에서는 살아 있는 것이 죽은 것이고, 죽은 것이 살아 있는 것이라고 합니다. 그렇기에 뭔가 끝이 났다고 해서 슬퍼할 필요가 없습니다. 새로운 것이 또 나타나기 때문입니다. 끝내는 것은 바로 새로운 시작을 뜻합니다. **오늘 이렇게** • 오늘 끝나는 일과 새로 시작한 일을 적어 보세요.

1월
9

그 무엇으로도 대체할 수 없는 존재가 되기 위해서는 늘 남달라야 한다.

가브리엘 샤넬

프랑스의 패션 디자이너이면서 사업가예요. '샤넬'이라는 브랜드를 만들었습니다.
세계 패션 역사에, 특히 여성복과 실용성이라는 부분에 한 획을 그은 사람이지요.
'코코 샤넬'이라는 별명으로 불리기도 합니다.

고정욱의 한 마디 웬만한 노력으로는 남들을 뛰어넘는 업적을 이룰 수 없어요. 내가 없어도 다른 사람이 그 일을 대신할 수 있기 때문이지요. 대체 불가한 존재가 되려면 남다른 생각을 하고, 자신의 강점을 극대화할 수 있는 능력을 키워야 합니다. **오늘 이렇게**
- 누구보다 눈치가 빠르거나, 누구보다 청소를 잘하거나, 누구보다 노래를 잘 부르거나, 누구보다 춤을 잘 추기 위해 노력하세요. 아무나 거들떠보지 못할 만큼 압도적 차이를 보여주세요.

12월 21

해안을 떠나는 용기가 없으면, 해양을 건널 수 없다.

크리스토퍼 콜럼버스

이탈리아의 탐험가예요. 스페인 여왕의 후원을 받아 인도를 찾아 항해를 떠났다가
아메리카 대륙을 발견했습니다. 이로 인해 아메리카 대륙은 유럽인들의
활동 무대가 되었고, 스페인 중심의 신대륙 식민지 경영도 시작되었습니다.

고정욱의 한 마디 ▸ 망망한 바다 끝에 무엇이 있는지를 알 수 있는 사람은 아무도 없습니다. 하지만 그곳에 무엇인가 있을 거라 믿으며 배를 띄우는 용기, 그 용기가 있는 자만이 그 바다를 건널 수 있지요. 새로운 개척지는 자신이 살던 곳을 과감히 버리고 떠난 사람들의 것입니다. **오늘 이렇게** ▸ 콜럼버스에 대한 자료를 찾아 바다 탐험에 대해 알아보세요.

1월

10

길가의 민들레는 밟혀도 꽃을 피운다.

우장춘
우리나라 최고의 육종학자예요. 일본에서 공부해 채소와 볍씨의 품종 개량에 힘썼어요.
가장 유명한 업적은 해방 후 귀국하여 한국농업과학연구소 초대 소장으로 취임하여
씨 없는 수박을 소개한 일입니다.

고정욱의 한 마디 ▶ 사소한 민들레조차도 역경에 굴하지 않고 온힘을 다해 뜻을 이룬다는 의미예요. 이 세상에 하찮은 존재는 하나도 없지요. **오늘 이렇게** ▪ 주변에서 작지만 강인한 것들을 관찰해 적어 보세요.

12월
20

자신이 하는 일을 사랑한다면 성공할 것이다.

알베르트 슈바이처
독일 출신 프랑스 의사, 사상가, 신학자, 음악가예요.
프랑스령 적도 아프리카에 병원을 열고 선교사로서 인류애를 실천했습니다.

고정욱의 한 마디 원하지 않는 일을 하는 사람들은 대개 불행합니다. 그렇기에 행복한 표정을 지을 수 없습니다. 행복한 표정으로 미소 지으며 긍정적인 사고방식을 가진 사람이라면 행복할 수 있고 자신의 일을 사랑하게 됩니다. **오늘 이렇게** • 내가 하는 일 가운데 가장 사랑하는 것 한 가지를 그림으로 그려 보세요.

1월
11

되찾을 수 없는 게 세월이니, 시시한 일에 시간 낭비하지 말고 순간순간을 후회 없이 잘 살아야 한다.

장 자크 루소
프랑스의 작가, 사상가예요. 프랑스 혁명 지도자들의 사상적 지주였지요.
19세기 프랑스 낭만주의 문학의 선구적 역할을 했습니다.

고정욱의 한 마디 길고 긴 우리 삶도 알고 보면 짧은 순간순간이 모여 이루어지는 것입니다. 지금 이 순간을 소중히 여기면 내 삶이 아름답게 마무리될 것입니다. **오늘 이렇게**
• 누군가와 함께한 소중한 순간 세 가지를 적어 보세요.

12월 19

성공하려면 먼저 우리가 할 수 있다고 믿어야 한다.

니코스 카잔차키스
그리스의 시인, 소설가, 극작가예요. 여러 나라를 돌아다니면서,
역사상 위인을 주제로 한 비극을 많이 썼습니다.
대표 작품으로 《그리스인 조르바》가 있습니다.

고정욱의 한 마디 이 세상을 바꾸는 사람들은 그것이 가능하다고 믿는 사람들입니다. 가장 먼저 할 일이 믿는 것입니다. 성공하기 위해서는 나 자신을 믿고 주변을 믿어야만 합니다. **오늘 이렇게** • 내가 가장 믿는 사람 세 명을 적어 보세요.

1월

12

인생에 뜻을 세우는 데 있어 늦은 때라곤 없다.

제임스 볼드윈
미국의 철학가이며, 사회심리학자예요.
아동 심리를 연구하기 시작해서 인격의 형성을 밝혀
미국 사회심리학의 기초를 다졌습니다.

고정욱의 한 마디 과거에는 60세만 넘으면 할아버지, 할머니 소리 들었습니다. 하지만 이제는 100세 시대입니다. 새로운 것을 배우고 익히는 것이 때가 있는 것은 아닙니다. **오늘 이렇게** • 배우고 싶은 걸 적어서 하나하나 정복해 나가 봅시다.

12월
18

나무에 잘 오르는 놈이 떨어져 죽고, 헤엄 잘 치는 놈이 빠져 죽는다.

속담

고정욱의 한마디 사람은 완벽하지 않기에 실수를 많이 합니다. 그런 실수를 통해 배우고 더 성장합니다. 언제든 실수할 수 있다 생각하고 고치는 일을 자연스럽게 여겨야 합니다.
오늘 이렇게 • 하는 일마다 조심스럽게 살펴보세요.

1월
13

도중에 포기하지 말라. 망설이지 말라. 최후의 성공을 거둘 때까지 밀고 나가자.

헨리 포드
'자동차의 왕'이라 불리는 미국의 사업가예요.
벨트 위에 부품을 올려놓고 자동차 조립을 순차적으로 하는 기술을 개발했습니다.

고정욱의 한 마디 마지막에 웃는 자가 진정한 승자입니다. 그러기 위해서는 눈앞의 성공에 매달리지 말고 끝까지 밀고 나가야 합니다. **오늘 이렇게 •** 포기한 일, 망설이다 하지 못한 일을 떠올려 보고 다시 도전할 계획을 세워 보세요.

12월 17

해는 또다시 떠오른다.

어니스트 헤밍웨이

미국의 대표적인 소설가예요. 1954년 노벨 문학상을 받았어요.
기자가 되어 1차, 2차 세계 대전에 여러 번 참전하면서
경험에 바탕을 둔 작품을 많이 썼습니다.

고정욱의 한 마디 지구가 생긴 이후 하루도 빠짐없이 해가 떠올랐습니다. 내일도 떠오를 것입니다. 오늘 일이 잘 안 되었다고 내일 지구가 멸망하지 않습니다. 또 시작하면 됩니다.
오늘 이렇게 • 포기하지 않고 끈기 있게 오래도록 하고 싶은 나의 평생 목표를 정해 보세요.

1월
14

자신의 불행을 생각하지 않게 되는 가장 좋은 방법은 일에 몰두하는 것이다.

루트비히 판 베토벤
독일의 음악가예요. 청각 장애에도 불구하고
수많은 곡을 작곡해 '악성'이라 불립니다.

고정욱의 한 마디 '정신일도 하사불성'이라는 말이 있습니다. 정신만 모으면 이루지 못할 일이 없습니다. **오늘 이렇게** • 힘든 일이 생기면 그림을 그리거나, 책을 읽거나, 춤을 추는 등 자신이 좋아하는 일을 찾아 해 보세요.

12월 16

인간의 대다수를 먹여 살리는 것은 희망이다.

소포클레스
그리스의 비극 극작가예요.
《오이디푸스》, 《안티고네》 등의 작품이 있습니다.

고정욱의 한 마디 삶은 어렵습니다. 계속하는 도전도 뜻하는 대로 되지 않습니다. 하지만 희망이 있기 때문에 견딜 수 있습니다. 내일은 좀 더 나으리라는 생각이 희망입니다. **오늘 이렇게** ● 아침에 이를 닦으며 오늘 생길 좋은 일이 무엇일지 생각해 보세요.

1월 15

두려움의 홍수에 버티기 위해서는 끊임없이 용기의 둑을 쌓아야 한다.

마틴 루터 킹
미국의 흑인 인권 운동가예요.
차별받는 흑인들의 권리를 향상시키려 노력했습니다.

고정욱의 한 마디 사람의 마음은 수시로 변하고 약해집니다. 그렇기에 계속 스스로를 채찍질하면서 다그쳐야 앞으로 나아갈 수 있습니다. **오늘 이렇게** • 마음속으로 '오늘도 도전하자!'라고 외쳐 보세요.

12월
15

개구리도 뛰어오를 때는 다리를 움츠린다.

속담

고정욱의 한 마디 용수철이나 공도 그렇고, 사람도 마찬가지입니다. 힘을 모아야 어떤 장애물도 넘을 수 있습니다. 하루하루를 열심히 보내면 힘을 모을 수 있습니다. **오늘 이렇게**
• 개구리처럼 뛰기를 열 번 해 보세요.

1월
16

직접 눈으로 본 일도 오히려 참인지 아닌지 염려스러운데, 더구나 등 뒤에서 남이 말하는 것이야 어찌 이것을 깊이 믿을 수 있으랴?

《명심보감》
마음을 밝게 해 주는 좋은 글귀를 모아 놓은 책이에요.
동양권의 《탈무드》라 할 수 있지요.

고정욱의 한 마디 내게 남의 말을 하는 사람은 어디 가서 내 말도 할 사람입니다. 그런 말에 신경 쓸 시간에 나의 길을 가는 것이 더 소중합니다. **오늘 이렇게** • 남이 전하는 말을 그대로 믿지 말고 평소 자신의 생각을 세워 판단하세요. 그리고 남의 말을 전하는 사람을 멀리하세요.

12월 14

희망은 어떤 상황에서도 필요하다.

새뮤얼 존슨
영국의 시인, 비평가예요.
영국 최초로 영어 사전을 만들었습니다.

고정욱의 한 마디 절망은 내가 절망이라고 느끼는 순간 내 것이 됩니다. 늘 희망을 바라봐야 합니다. 희망을 가져야 실낱같은 가능성에도 도전해 뭔가를 이룰 수 있습니다. **오늘 이렇게 ·** 공부, 운동, 친구 관계에 대한 희망들을 적어 보세요.

1월
17

이미 끝나 버린 일을 후회하기보다는, 하고 싶었던 일들을 하지 못한 것을 후회하라.

《탈무드》
히브리족의 경전이에요.
오랜 역사 속의 삶의 지혜를 많이 담고 있습니다.

고정욱의 한 마디 과거에 매달려서는 앞으로 나아갈 수 없습니다. 지나간 일은 훌훌 털고 새롭게 다가올 미래를 준비하세요. **오늘 이렇게** • 하고 싶었는데 아직 못 해 본 일들을 적고 실행에 옮길 계획을 세워 보세요.

12월
13

내일의 천자보다 오늘의 재상.

속담

고정욱의 한 마디 나중에 왕이 되기보다 지금 벼슬아치가 되는 것이 좋다는 말입니다. 지금 이 순간이, 다가올 미래보다 중요하다는 뜻이지요. 날마다 살기 위해 세끼 밥을 먹고 숨을 쉬듯이 오늘을 충실히 살면 밝은 미래가 다가옵니다. 오늘 노력한 결과가 미래에 나타나기 때문입니다. **오늘 이렇게** • 1교시 끝난 후 얼마나 집중해서 수업했는지 생각해 보세요.

1월
18

실패는 잊어라.
그러나 그것이 준 교훈은
절대 잊으면 안 된다.

하버트 개서
미국의 생리학자예요. 신경 섬유의 종류가 다르면 기능도 다르다는 것을 밝혀
1944년 노벨 생리·의학상을 받았습니다.

고정욱의 한 마디 실패에 집착하면 성공의 길로 나아갈 수 없습니다. 하지만 실패에서 얻은 교훈을 되새긴다면 성공의 가능성이 높아집니다. **오늘 이렇게** • 실패한 경험 세 가지를 떠올려 보고, 그때마다 무슨 교훈을 얻었는지 적어 보세요.

12월

12

때가 되면 마땅히 스스로 공부에 힘써야 한다. 세월은 사람을 기다리지 않는다.

도연명
중국 동진 후기에서 남조 송대 초기까지 살았던 전원시인이에요. 시의 내용은
주로 전원에서의 생활을 읊거나, 자유로운 삶을 바라거나, 지방 관리와
주고받은 것들입니다.

고정욱의 한 마디 날마다 같은 날이 지루하게 이어지는 것 같지만, 그날들이 쌓여서 우리 삶이 됩니다. 학교 공부뿐 아니라 틈틈이 세상 모든 것에 관해 내가 배울 수 있는 것들을 익혀 놓으면 삶이 풍요로워집니다. **오늘 이렇게** • '세월은 사람을 기다리지 않는다.'를 열 번 써 보세요.

1월

19

내가 헛되이 보낸 오늘은 어제 죽어 간 이들이 그토록 바라던 하루다.

소포클레스
그리스의 비극 극작가예요,
《오이디푸스》《안티고네》 등의 작품이 있습니다.

고정욱의 한 마디 하루의 소중함을 잊지 않아야 합니다. 하루에도 많은 일을 할 수 있습니다. 단 소중히 쓴다면 말이죠. **오늘 이렇게** • 오늘 할 일들을 중요한 순서대로 적고, 맨 앞의 것부터 해낸 다음 밑줄을 그어 보세요.

12월
11

실제로 일을 변화시켜야 하는 것은 시간이 아니라, 바로 당신이다.

앤디 워홀
미국의 화가, 영화 제작자예요. 그림, 출판, 영화, 광고 사진 등의 분야에서
활발하게 작품 활동을 했지요. 예술품을 공장에서 찍듯이 만들겠다는
도전적인 개념을 실천한 것으로 유명합니다.

고정욱의 한 마디 시간이 해결해 줄 거라며 가만히 앉아서 문제가 해결되기를 바라는 건 내 삶을 남의 손에 맡기는 것과 같습니다. 결과는 하늘에 맡기고 직접 나서서 노력해야 일이 이루어집니다. **오늘 이렇게** • 수학 문제든, 일상의 문제든 문제 하나를 꼭 해결하세요.

1월
20

성공으로 가는 엘리베이터는 고장입니다. 당신은 계단을 이용해야만 합니다. 한 계단 한 계단씩.

조 지라드
미국의 전설적인 자동차 판매왕이에요. 자동차 명예의 전당에 올랐지요.
15년 동안 1만 3,001대의 차를 팔아 12년 연속 세계 기네스북에 오르는
전무후무한 기록을 세웠습니다.

고정욱의 한 마디 성공은 쉽게 이루어지지 않습니다. 계단을 올라가듯 차근차근 기초를 쌓아야 높이 올라갈 수 있다는 말입니다. **오늘 이렇게** • 엘리베이터가 있는 높은 건물에 가서 계단으로 7층까지 오르면서 성공으로 가는 길이 얼마나 힘든지 경험해 보세요.

12월
10

낭비한 시간에 대한 후회는 더 큰 시간 낭비다.

존. F. 케네디
미국의 35대 대통령이에요. 2차 세계 대전 당시 남태평양에서 고속 어뢰정의
해군 장교로 근무했으며, 제대 후 정치가가 되어 마흔 세 살인
1960년에 대통령에 당선되었습니다.

고정욱의 한 마디 과거는 이미 지나간 시간입니다. 중요한 건 오늘이고, 미래입니다. 흘러간 과거에 발목 잡혀 시간을 허투루 쓰지 않아야 합니다. **오늘 이렇게** • 자꾸 생각나는 지난 일을 적고, 하나씩 크게 읽으며 지워 보세요.

1월
21

삶을 사는 데는 단 두 가지 방법이 있다.
하나는 기적이 전혀 없다고
여기는 것이고, 또 다른 하나는
모든 것이 기적이라고 여기는 방식이다.

알베르트 아인슈타인
독일 출신 미국 물리학자예요.
시간과 공간이 하나로 결합된 '시공간'이라는 개념을 만들어 냈으며,
일반 상대성 이론을 연구했습니다.

고정욱의 한 마디 살아 있고, 뭔가 할 수 있다는 건 죽은 사람의 입장에서는 기적입니다. 나는 날마다 기적을 살고 있습니다. 감사한 일입니다. **오늘 이렇게** • 하늘을 향해 "나는 미라클 맨!"이라고 외치며 주먹 한번 뻗어 보세요.

12월 9

지위가 높을수록
마음은 낮춰 먹어야 한다.

속담

고정욱의 한 마디 과거의 나쁜 지도자들은 다른 사람들을 이용하거나 속여 먹거나 착취하는 자들이었습니다. 하지만 이제는 모든 사람이 연결되어 있고 정보가 공유되어 있습니다. 그러므로 지도자는 더욱 국민들 속으로 다가가 그들의 말에 귀를 기울여야 합니다.
오늘 이렇게 • 세계에서 국민들과 가장 가까운 지도자가 누구인지 알아보세요.

1월

22

길이 이끄는 곳으로 가지 마라. 길이 없는 곳에 가서 흔적을 남겨라.

랠프 월도 에머슨

미국의 작가이며, 사회사상가예요. 9세에 보스턴 라틴 학교에서 공식적인 학교 과정을 시작했어요. 14세에는 학교 직원들로 하여금 결석한 학생들을 직접 찾아가 그 결과를 교사들에게 알리도록 했지요. 상급생이 되면서 많은 책을 읽었고, '넓은 세상'이라는 저널을 썼어요. 동양 사상에 밝아 청교도의 기독교적 인생관을 비판했습니다.

고정욱의 한 마디 ▶ 우리는 급변하는 시대를 살고 있어요. 그러니 남들이 간 길을 그대로 따르기보다는 스스로 새로운 길을 내며 도전하는 삶을 살아야 내 삶의 자취를 남길 수 있어요. **오늘 이렇게** • 나만의 새로운 놀이 세 가지를 만들어 보세요.

12월

8

침묵은 다른 방식으로 펼친 주장이다.

체 게바라
아르헨티나 출생의 쿠바 정치가, 혁명가예요. 피델 카스트로를 만나 쿠바 혁명에
가담하였고, 라틴 아메리카 민중을 위해 싸웠습니다.

고정욱의 한 마디 우리는 할 말이 없어서, 생각하느라, 겁이 나서 입을 닫고 있을 때가 있습니다. 또는 상대방이 큰 소리로 억지 주장을 펼 때도 입을 닫습니다. 하지만 길게 말하지 않고도 자기주장을 하는 경우가 있습니다. **오늘 이렇게 ·** 사전에서 '침묵시위'를 찾아보세요.

1월

23

꿈꾸지 않는 자에게는 절망도 없다.

조지 버나드 쇼

영국 아일랜드 출신의 극작가 겸 소설가예요. 1925년 노벨 문학상을 받았어요.
희곡 작가, 비평가이면서 사회주의 이론가이기도 합니다.

`고정욱의 한 마디` 현실을 있는 그대로 받아들이고 살아가면 편할 수는 있겠지만, 내 안의 꿈을 실현하는 것과는 먼 삶을 살게 됩니다. 자신의 세상을 만들어 가다 보면 절망할 수도 있습니다. 그 절망을 넘어서서 마침내 꿈꾸던 세상을 만나는 상상을 해 보세요. **오늘 이렇게**
• 내가 꿈꾸는 세상을 글로 써 보세요.

12월

7

모든 어린이는 예술가다. 문제는 어떻게 하면 이들이 커서도 예술가로 남을 수 있게 하느냐다.

파블로 피카소

스페인의 화가, 작가예요. 입체파 미술의 창시자로, 단일 시점과 원근법을 무시하고
한 화면에 입체를 표현한 작품으로 역사를 바꿨어요.
조각, 도자기, 판화 작품까지 5만여 점의 작품을 남겼습니다.

고정욱의 한 마디 사람은 모두 저마다 무한한 가능성을 지니고 있습니다. 하지만 그 많은 가능성 가운데 실현되는 것은 별로 없습니다. 보통 자신이 좋아하고, 즐길 수 있는 일들을 선택해야 오래오래 할 수 있습니다. **오늘 이렇게** • 요즘 내가 좋아하는 일들을 적어 보세요.

1월
24

꿈꿀 수 있다면
실현시킬 수 있다.

월트 디즈니
오늘날 세계 최고의 콘텐츠 그룹인 월트 디즈니사의 창립자예요.
〈미키마우스〉나 〈도널드 덕〉 같은 애니메이션을 만든 만화가이기도 합니다.

고정욱의 한 마디 꿈을 꾼다는 건 새로운 아이디어가 있다는 뜻이에요. 하지만 꿈만 꾸면 아이디어가 실현되지 않지요. 그러니 아이디어를 실현하기 위해 무엇을 해야 할지 계획을 세워야 해요. 꿈은 이루어야 의미가 있으니까요. **오늘 이렇게** • 나만의 아이디어가 무엇이 있는지 생각해 보고 실천 계획을 세워 보세요.

12월 6

모든 성취의 시작점은 갈망이다.

나폴레온 힐
세계적인 성공학 연구자예요.
부자들의 성공 비결을 탐구해 책으로 냈습니다.

고정욱의 한 마디 목이 마르면 샘을 찾아다니듯이 사람은 원하는 것이 있어야 움직입니다. 그리고 움직여야 무언가를 이루게 되지요. **오늘 이렇게** • 샘물을 떠먹는 나의 모습을 그림으로 그려 보세요.

1월 25

꿈을 지녀라. 그러면 어려운 현실도 이겨 낼 수 있다.

라이너 마리아 릴케

오스트리아 출신의 독일 시인이에요. 고독한 소년 시절을 보낸 후
일찍부터 꿈과 동경이 넘치는 섬세한 서정시를 썼습니다.

고정욱의 한 마디 희망이 있는 사람은 현실의 고통이 오래가지 않음을 알고 있어요. 또한 희망이 그 고통을 한 번에 날려 줄 수 있음도 알지요. 그렇기에 우리는 희망을 갖고 살아야 합니다. **오늘 이렇게** • 지금 나의 고민이 뭔지 생각해 보고, 꿈을 이루면 그 고민이 어떻게 될지 적어 보세요.

12월 5

늘 뭔가를 한다면 놀라우리만치 많은 일을 해낼 수 있다.

토머스 제퍼슨

미국의 정치가, 교육자, 철학자예요. 자유와 평등으로 건국의 이상이 되었던
미국 독립 선언문의 기초 위원이었지요. 철학, 자연 과학, 건축학, 농학, 언어학 등으로
많은 사람에게 영향을 주어 '몬티첼로의 성인'으로 불렸습니다.

고정욱의 한 마디 일을 손에서 놓지 않고, 생각의 끈도 놓지 않고 하루를 보내면 많은 것을 이루게 됩니다. 그런 하루하루가 쌓여서 우리 삶이 됩니다. **오늘 이렇게** • 하루를 마치며 내가 오늘 한 생각과 일들을 정리해 보세요.

1월 26

끝날 때까지
끝난 게 아니다.

요기 베라
미국 뉴욕 양키스 선수였어요. 키가 작았지만 놀라운 경기력을 보여 줬으며,
미국 야구 명예의 전당에 이름이 올랐습니다.

고정욱의 한 마디 하던 일이 잘될 것 같지 않으면 도중에 쉽게 포기하는 경향이 있어요. 하지만 끝까지 최선을 다해야 성공의 맛을 볼 수 있습니다. **오늘 이렇게** • 지금 포기하고 싶은 일을 적어 보고 "끝까지 해낼 테야."라고 외쳐 보세요.

12월 4

성공하려면 귀는 열고, 입은 닫으라.

존 록펠러
미국의 석유 사업가예요. 오하이오스탠더드석유회사를 세워
미국 정유소의 95퍼센트를 운영했습니다.

고정욱의 한 마디 시시각각 변하는 세상에서 정보는 소중한 자원입니다. 새로운 것은 무엇인지, 사람들이 바라는 것은 무엇인지, 세상에 필요한 것은 무엇인지 등에 대해 귀를 열고 들어야 합니다. 말을 줄이면 생각이 많아집니다. 귀로 들은 정보들을 곰곰이 생각하면 세상을 주도할 아이디어가 떠오를 것입니다. **오늘 이렇게** • 귀는 열고, 입은 닫는 생활을 하루만 해 보세요.

1월

27

나는 배울 것이 아무것도 없는 사람을 만나 본 적이 한 번도 없다.

갈릴레이 갈릴레오
망원경을 발명해 직접 하늘의 움직임을 관찰한 이탈리아 과학자예요.
별들의 움직임을 알아내서 지동설을 명쾌하게 증명해 냈습니다.

고정욱의 한 마디 ▶ 인간은 완벽하지 않아요. 완벽해지기 위해 끊임없이 노력해야 하지요. 배우려는 자세를 갖고 있는 사람은 남의 실수나 성공에서 배움을 얻을 수 있어요.
오늘 이렇게 ▪ 주변 사람들에게서 배울 점을 하나씩 적어 보세요.

12월

3

경험이란 모든 사람이 자신의 실수에 붙이는 이름이다.

오스카 와일드
아일랜드 시인, 소설가 겸 극작가이자 평론가예요.
'예술을 위한 예술'을 표어로 하는 유미주의를 주창했어요.
대표 작품으로 《행복한 왕자》, 《도리언 그레이의 초상》이 있습니다.

고정욱의 한 마디 ▶ 다양한 경험은 살아가는 데 많은 도움이 됩니다. 작은 실수를 통해서 새로운 방법을 깨닫는 일도 있습니다. 실수를 두려워하지 말고 여러 가지 일을 시도해 보세요. **오늘 이렇게** ▪ 그동안 내가 실수한 일들을 적고, 무엇을 깨달았는지 생각해 보세요.

1월
28

나를 파괴시키지 못하는 것은 무엇이든지 나를 강하게 만들 뿐이다.

프리드리히 빌헬름 니체
독일의 철학자이자, 시인이에요.
기독교가 대표하는 모든 가치를 무너뜨리기 위해
평생 싸웠습니다.

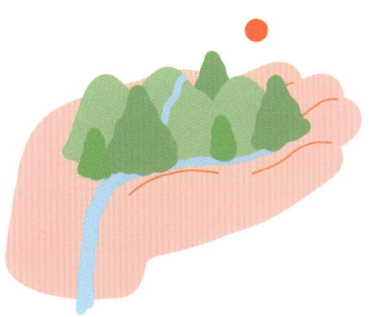

고정욱의 한 마디 시련과 역경은 이겨 내지 못하면 파멸에 이르게 되지만, 이겨 내고 견뎌 내면 나를 더 강하게, 성장하게 만들어요. **오늘 이렇게** • 가장 힘들었던 시간을 떠올려 보고, 그 후 자신에게 어떤 변화가 일어났는지 적어 보세요.

12월

2

지옥을 겪고 있다면
계속 겪어 나가라.

윈스턴 처칠

영국의 정치인이에요. 1차 세계 대전에는 해군 장관으로, 2차 세계 대전에는
총리로 참전하여 전쟁을 승리로 이끌었지요. 전쟁 후 얄타 회담과 포츠담 회담에서
중요 역할을 했고, 1953년에는 노벨 문학상도 받았습니다.

고정욱의 한마디 지옥에서도 버텨 내겠다는 강한 마음을 가지면 악마도 나를 어떻게 할 수 없습니다. 계속 겪어 내고 이겨 내겠다고 선언하세요. 그러면 어느 순간 고통이 끝나고 영광이 올 것입니다. **오늘 이렇게** • 하기 싫어 미뤄 둔 일을 꼭 마치세요.

1월

29

나무 베는 한 시간이 주어진다면 도끼를 가는 데 45분을 쓰겠다.

에이브러햄 링컨
미국의 16대 대통령이에요. 노예 제도를 없애
미국뿐 아니라, 인류 역사에도 큰 영향을 미쳤습니다.

고정욱의 한 마디 어떤 일을 잘하려면 무턱대고 달려들 게 아니라, 준비를 철저히 해야 한다는 뜻입니다. 준비 없이 일을 하면 쓸데없는 수고를 더 많이 해야 하고 성과도 잘 나지 않기 때문이에요. **오늘 이렇게** • 그동안 미뤄 둔 일 가운데 세 가지만 오늘 꼭 하세요!

12월 1

실패를 두려워 말고, 시도하지 않는 것을 두려워하라.

웨인 그레츠키
캐나다 아이스하키 선수 출신 감독이에요.
20년 동안 내셔널 하키 리그에서 활동하며 아이스하키 역사상
가장 뛰어난 업적을 남긴 선수 중 한 명으로 알려져 있습니다.

고정욱의 한 마디 선수들은 경기에서 자주 패배합니다. 하지만 절대 포기하지 않습니다. 오히려 긍정적으로 세상을 바라봅니다. 계속 도전하고 노력하면 언젠가 승리하는 방법을 찾아내리라고 믿기 때문입니다. **오늘 이렇게** ● 한 번도 먹어 보지 않은 반찬에 도전하세요.

1월
30

나에 대한 사람들의 평가는 내가 스스로 어떻게 평가하느냐에 좌우된다.

어니스트 헤밍웨이
미국의 대표적인 소설가예요. 1954년 노벨 문학상을 받았어요.
기자가 되어 1차, 2차 세계 대전에 여러 번 참전하면서
경험에 바탕을 둔 작품을 많이 썼습니다.

고정욱의 한 마디 자존감을 가지고 자신의 삶에 당당히 임해야 남들도 나를 인정합니다. 내가 바로 서지 않으면 남들의 평가는 의미가 없지요. **오늘 이렇게** • 나를 당당하게 만드는 세 가지를 적어 보세요.

12월

1월
31

삶의 평화는 용기 있는 사람만이 얻을 수 있다.

아멜리아 에어하트
비행기를 타고 대서양을 건넌 최초의 미국 여성 비행사예요.
1937년 6월 1일 세계 일주 비행에 도전했는데, 적도를 따라 비행하던 중 연락이 끊겼습니다.

고정욱의 한 마디 용기로 인해 삶의 평화를 찾을 수 있다는 뜻이에요. 뭔가를 시작하는 것도, 계속하는 것도 용기가 필요하고, 하던 일을 멈출 때에도 용기가 필요하지요. **오늘 이렇게** • 지금 망설이고 있는 일이 있다면 용기 내어 시작해 보세요.

11월 30

칭찬은 평범한 사람을 특별한 사람으로 만드는 마법의 문장이다.

막심 고리키
러시아의 작가예요. 사회주의 리얼리즘의 원조이며, 가난한 여건에서도
자신의 학구열로 문학적 성공을 이루었어요. 대표 작품으로 《어머니》가 있습니다.

고정욱의 한 마디 "칭찬은 고래도 춤추게 한다."라는 말도 있습니다. 칭찬을 주고받는 공간에서는 즐거움이 넘칩니다. 일상생활이 즐거워지면 삶이 행복해집니다. 칭찬을 잘하는 사람이 됩시다. **오늘 이렇게** • 친구들에게 칭찬만 하는 하루를 보내세요.

2월

11월 29

봄에 하루 놀면
겨울에 열흘 굶는다.

속담

고정욱의 한 마디 게으름의 대가는 혹독합니다. 인간의 삶은 날마다 열심히 이로움을 쌓아 놓지 않으면 곧 사라집니다. 망설이고 머뭇거리는 순간에도 시간은 흘러갑니다. **오늘 이렇게** • 해야 할 일을 모두 해내는 하루를 보내세요.

2월 1

남의 장점은 배우고, 잘못은 너그럽게 용서하라.

조광조
조선 시대 학자이면서 정치가예요. 중종 때 유학자들이 지지해 주어
도학 정치를 실현하기 위해 급진적 개혁 정치를 단행했습니다.

고정욱의 한 마디 사람은 완벽하지 않아요. 그러니 장점과 단점이 있게 마련이에요. 남의 좋은 점은 잘 받아들이면 나에게 이롭지요. 또한 남이 저지른 잘못은 그가 완벽하지 못함을 이해하라는 뜻이에요. **오늘 이렇게** • 나에게 잘못한 친구를 안아 주세요.

11월 28

새 두 마리를 한데 묶어 보라.
네 개의 날개를 갖는다 하더라도
날지 못할 것이다.

수피
이슬람교의 신비주의자예요.
금욕과 고행을 중시하고 청빈한 생활을 추구했습니다.

고정욱의 한 마디 꿈을 이루려면 굳은 마음으로 열심히 노력해야 합니다. 그렇다고 지나치게 욕심을 부리면 몸과 마음이 상할 수 있습니다. 상식적이고, 도덕적으로 해야 합니다. **오늘 이렇게** • 두 날개로 하늘을 훨훨 나는 새를 그림으로 그려 보세요.

2월

2

내 사전에 불가능은 없다.

나폴레옹 1세
프랑스의 시골 귀족 출신으로 혁명의 어지러운 시절에
뛰어난 군사적 능력을 발휘해 프랑스를 강대국으로 만든 인물입니다.
유럽을 손아귀에 쥐고 황제까지 되었습니다.

고정욱의 한 마디 인간의 무한한 가능성을 이야기한 거예요. 도전하고 노력하며 끝까지 포기하지 않는다면 무슨 일이든 다 이룰 수 있다는 뜻이지요. 우리에게 용기를 갖게 하는 문장이에요. **오늘 이렇게** • 불가능하다 여겨 포기했던 일을 적고 가능성을 파고들어 보세요.

11월 27

기꺼이 불편함을 택하라.
불편함을 편하게 생각하라.

피터 맥윌리엄스
미국의 시인, 작가, 사진가예요.
명상에 관련된 책을 내서 많은 사랑을 받았습니다.

고정욱의 한 마디 힘들고 어려운 일을 하지 않으려는 사람들이 있습니다. 그러다 보니 경험이 부족하고, 지혜를 얻을 기회도 가지기 힘듭니다. 먼저 나서서 두려움과 힘듦과 불편함을 이겨 내도록 노력해야 합니다. **오늘 이렇게** • 오늘 할 일 가운데 힘들고 어려운 일을 골라 기꺼이 해내겠다고 다짐하세요.

2월

3

당신을 만나는 모든 사람이, 당신과 헤어질 때는 더 나아지고 더 행복해지도록 하라.

마더 테레사

세상을 떠난 뒤, 교황 요한 바오로 2세에게 '콜카타의 복녀 테레사'라는 호칭을 받은 수녀예요. 평생을 인도의 가난한 사람, 죽어 가는 사람을 위해 봉사하며 살았습니다.

고정욱의 한 마디 세상은 나와 다른 사람들이 관계를 맺는 곳이에요. 그 관계가 불행하다면 세상이 불행해지는 것이에요. 남들에게 기쁨을 주고 행복을 주면 온 세상이 행복해집니다. **오늘 이렇게** 등굣길에 만난 친구에게 마음을 담아 인사하세요. 그리고 하굣길에는 함박웃음을 지으며 "안녕! 내일 만나자!"라고 하세요.

11월 26

작은 꿈은 꾸지도 말라. 그것은 인간의 영혼을 움직이지 못한다.

빅토르 위고
프랑스의 소설가, 시인, 극작가예요. 만년에는 정치적 글도 많이 썼어요.
대표 작품으로 소설 《노트르담의 꼽추》, 《레미제라블》이 있습니다.

고정욱의 한 마디 ▸ 자동차, 비행기, 스마트폰, 인터넷 등 우리가 누리고 있는 것들은 꿈꾸는 사람들 덕분에 이루어졌습니다. 그들의 꿈과 끊임없는 노력이 세상을 앞으로 나아가게 한 것입니다. **오늘 이렇게** ▸ 나는 어떤 꿈으로 세상에 도움을 줄 것인지 생각해 보세요.

2월

4

독서야말로 인간이 해야 할 첫째의 깨끗한 일이다.

정약용

조선 시대 관리이며 학자이고, 의사이며 교육자였어요.
살아 있는 동안 제자들과 함께 총 500권의 책을 냈지요.
대표적인 책으로 《목민심서》가 있습니다.

고정욱의 한 마디 과거 선비들은 자신을 깨끗이 수양해야 큰일을 한다고 생각했어요. 책을 읽으며 자신을 갈고 닦아야 큰사람이 될 수 있음을 말합니다. **오늘 이렇게** • 책장에서 새로운 책 한 권을 꺼내 읽기 시작하세요.

11월
25

세상에 완전히 잘못된 것은 없다. 멈춘 시계도 하루에 두 번은 맞는다.

파울로 코엘료
브라질 소설가예요. 인간의 본질과 삶의 근원을 추구하는 작품을 썼지요.
대표 작품 《연금술사》가 전 세계 170개국 이상에 번역되었습니다.

고정욱의 한 마디 두려움은 우리를 힘들게 합니다. 그리고 머뭇거리게 만듭니다. 나의 꿈을 이루기 위해서는 '잘못'이라는 두려움을 떨쳐 내야 합니다. **오늘 이렇게** • "잘못해도 괜찮아. 다시 하면 돼."라고 크게 외쳐 보세요.

2월 5

두려워할 것은 아무것도 없다. 이해해야 하는 것이 있을 뿐이다.

마리 퀴리

프랑스의 물리학자이자 화학자예요. 방사능 물질인 '라듐'과 '폴로늄'을 발견해서 여성 최초로 노벨상을 두 번 받았어요. 처음으로 프랑스 소르본대학교 여성 교수가 되었지요. 평생을 성실하게 실험하고 연구한 과학자입니다.

고정욱의 한 마디 우리는 잘 알지 못하는 것들을 두려워해요. 그것들을 알게 하는 게 과학이지요. 과학은 미지의 세계를 연구하고 탐구해서 알아내는 학문입니다. **오늘 이렇게** 방사능 물질 자료를 찾아 요약·정리해 보세요.

11월 24

허둥지둥 살지 않겠다는 결심만큼 인간에게 쓸모 있는 것도 없다.

헨리 데이비드 소로
미국의 철학자이며, 사상가이고, 수필가예요.
재물을 탐하지 않고 국가에 항거한 삶으로
많은 사람들에게 선한 영향력을 미쳤습니다.

고정욱의 한 마디 계획 없이 되는 대로 살아가는 것이 허둥지둥 사는 것입니다. 수업 시간표를 미리 짜 놓는 것도 계획적인 학습을 하기 위해서입니다. 평일 아침 일정한 시간에 일어나는 것도 제시간에 학교에 가기 위해서입니다. 무슨 일이든 계획을 먼저 세우는 것이 중요합니다. **오늘 이렇게** • 겨울 방학에 꼭 하고 싶은 일들을 적어 놓으세요.

2월
6

여행은 보상이다.

스티브 잡스
미국의 기업가예요. 애플사를 만들어 개인용 컴퓨터를 개발해 보급했고,
아이폰을 통해 스마트폰 시대를 이끌었습니다.

고정욱의 한 마디 여행의 목적은 어떤 곳으로 가는 것이지만, 그곳으로 가는 길에서 경험하는 일만으로도 얻을 수 있는 것들이 많아요. **오늘 이렇게** • 여행 계획을 세우고, 가는 길에 어떤 곳을 지날지, 어떤 사람들을 만날지, 무엇을 먹을지 등을 적어 보세요.

11월
23

도전을 받아들여라. 그러면 승리의 쾌감을 맛볼지도 모른다.

크리스토퍼 패튼
영국의 정치가예요. 2차 세계 대전 때,
노르망디 상륙 작전에서 큰 활약을 했습니다.

고정욱의 한 마디 꿈의 시작은 바로 도전입니다. 도전에 살을 붙이고, 거기에 나의 노력을 입히면, 위대한 승리를 얻을 수 있습니다. 주변을 잘 살피고 어떤 도전이 나를 크게 만들지를 생각해 보세요. **오늘 이렇게** • 숨이 턱에 차도록 운동을 하면서 자신의 기록을 깨 보세요.

2월 7

배부른 돼지보다 배고픈 소크라테스가 낫다.

존 스튜어트 밀

영국의 정치 경제학자예요. 스코틀랜드의 사회학자·경제학자·철학자였던 아버지 제임스 밀에게서 교육받은 뒤 정치경제학, 윤리학, 정치학 관련 책들을 냈어요. 웨스트민스터 지역구 의원으로 당선된 밀은 노동자 출신 의원들을 지지하고, 여성의 참정권을 위해 노력하는 등 매우 진취적인 의원 활동을 했습니다.

고정욱의 한 마디 인간은 정신적인 동물이에요. 배부르게 먹고, 편안하게 사는 것만이 전부가 아니지요. 차라리 배는 고파도 정신이 충만한 것이 중요합니다. **오늘 이렇게** • 인간과 돼지를 여러 면에서 비교해 적어 보세요.

11월 22

사흘 책을 안 읽으면 머리에 곰팡이 슨다.

속담

고정욱의 한 마디 인간은 머리를 쓰는 동물입니다. 자기 삶을 유지하기 위해 머리를 다룰 줄 압니다. 그러기 위해 가장 좋은 방법이 독서입니다. 꿈꾸는 사람은 책을 손에서 놓지 않습니다. **오늘 이렇게** · 책장에서 새로운 책 한 권을 꺼내 읽으세요.

2월
8

분명한 목표와 방향이 없는 노력과 용기는 낭비일 뿐이다.

존 F. 케네디
미국의 35대 대통령이에요. 2차 세계 대전 당시 남태평양에서 고속 어뢰정의
해군 장교로 근무했으며, 제대 후 정치가가 되어 마흔 세 살인
1960년에 대통령에 당선되었습니다.

고정욱의 한마디 헛된 곳에 힘과 노력을 쏟으면 헛수고가 됩니다. 처음엔 옳은 목표인 줄 알았다가 나중에 잘못되어도 헛수고가 됩니다. 목표 달성은 이렇게 힘든 것이니 시작하기 전에 미리 방향을 잘 정해서 노력해야 합니다. **오늘 이렇게** • 새 학기에 내가 이룰 목표는 무엇이고, 목표를 이루기 위해 어떤 실천을 할지 적어 보세요.

11월 21

언성을 높이지 말고 논거를 강화하라.

작자 미상

고정욱의 한마디 목소리만 크게 내며 억지 주장을 펼치는 경우가 있습니다. 이렇게 하면 모두들 고개를 돌립니다. 하지만 마음을 가라앉히고 차분하게 올바른 근거를 들어 또박또박 말하면 대부분 고개를 끄덕이게 됩니다. 목소리를 높이기 전에 내가 하고 싶은 말이 무엇인지부터 차근차근 따져야 합니다. **오늘 이렇게** • 아침에 마음을 가라앉히고 5분 동안 명상을 하세요.

2월

9

불가능, 그것은 사실이 아니라 하나의 의견일 뿐이다.

무하마드 알리

미국의 권투 선수예요. 올림픽 금메달리스트였으며, 프로 권투 세계 챔피언이었어요.
파킨슨병에 걸려 30년 넘게 투병하면서도 1996년 애틀랜타 올림픽에서 성화 점화자로 참여했습니다.

고정욱의 한 마디 불가능하다고 지레 포기할 필요는 없어요. 남들이 가능, 불가능이라고 말하는 것은 그저 의견일 뿐이고, 나의 의지에 따라 불가능한 것도 가능하게 만들 수 있기 때문이지요. **오늘 이렇게** • 불가능할 거라고 생각하는 일과 그 일을 가능하게 할 방법을 궁리해서 적어 보세요.

11월
20

평온한 바다는
유능한 뱃사람을 만들지 못한다.

속담

고정욱의 한마디 항구에 있는 배는 바람을 받기 위해 큰 바다로 나가야 합니다. 큰 바다는 무서운 곳입니다. 하지만 계속 안전한 곳에만 묶어 놓을 순 없습니다. 나도 마찬가지입니다. 큰 바람을 타고 생각지도 못했던 멋진 곳을 향해 나아가야 합니다. **오늘 이렇게** • 바다에서 비바람을 헤치고 항해하는 자신의 모습을 그림으로 그려 보세요.

2월

10

사람은 스스로 믿는 대로 된다.

안톤 체호프
러시아를 대표하는 극작가이며 소설가예요.
의사가 되어 가족을 먹여 살리면서도 꾸준히 글을 써서 잡지에 기고했어요.
근대 단편 소설의 아버지라 불릴 만큼 문학적 완성을 이루었습니다.

고정욱의 한 마디 믿는다는 것은 목적이 있다는 뜻이에요. 그 목적을 이루기 위해 힘쓰다 보면 어느 순간 목적을 달성하게 되지요. **오늘 이렇게 •** 10년 뒤 뭔가 되어 있을 내 모습을 그림으로 그려 보세요.

11월
19

남의 오이밭에서는 신을 고쳐 신지 말고, 남의 오얏나무 아래에서는 갓을 고쳐 쓰지 말라.

강태공
중국 주나라의 정치가예요. 무왕을 도와 은나라를 멸망시켜 천하를 평정했고,
제나라 시조가 되었습니다.

고정욱의 한 마디 친구들 사이에 다툼이 일어나는 것은 대부분 오해 때문입니다. 가장 좋은 방법은 오해받지 않도록 행동하는 것입니다. 늘 자신의 주변을 살피면서 오해받을 일 없는지 조심해야 합니다. **오늘 이렇게** • 내가 친구를 오해한 경험을 떠올려 보고, 오해를 어떻게 풀었는지 생각해 보세요.

2월
11

사막이 아름다운 것은 어딘가에 샘을 숨기고 있기 때문이다.

앙투안 드 생텍쥐페리

프랑스의 소설가이자, 공군 장교예요. 복잡한 삶을 동화처럼 써서
단순하게 볼 수 있게 해 주었어요. 대표 작품으로 《어린 왕자》가 있습니다.

고정욱의 한 마디 사막이라는 것은 어떤 생명체도 살 수 없는 곳입니다. 하지만 자세히 살펴보면 사막에도 생명체가 있습니다. 아주 작은 오아시스 하나 덕분이지요. 우리 삶에도 작은 희망과 꿈이 있다면 고난과 어려움을 견뎌 낼 수 있는 힘이 됩니다. **오늘 이렇게** • 나의 삶에서 샘물은 무엇인지 적어 보세요.

11월 18

나의 잘못을 깨우치는 사람이 있다면, 그는 곧 나를 지도하는 스승이다.

《명심보감》
마음을 밝게 해 주는 좋은 글귀를 모아 놓은 책이에요.
동양권의 《탈무드》라 할 수 있습니다.

고정욱의 한 마디 나에게 도움이 되는 충고인데 아주 듣기 거북할 때가 있습니다. 나를 발전시키는 좋은 이야기인데 말입니다. 달콤한 말만 좋아하면 발전은 없습니다. 충고해 주는 소중한 친구를 늘 곁에 두세요. **오늘 이렇게** • 내가 잘못했을 때 깨우친 사람의 이름을 또박또박 적어 보세요.

2월
12

사소한 일을 소홀히 하는 자는 사소한 일로 망한다.

솔로몬
이스라엘의 가장 위대한 왕으로, 이스라엘 식민지들을 건설했고,
수도 예루살렘에 성전을 세우기도 했어요. 시인이면서 현인이었어요.
〈잠언〉에 솔로몬의 격언과 교훈이 실려 있습니다.

고정욱의 한 마디 세상일은 외면한다고 해서 해결되지 않아요. 그렇기에 사소한 일이라도 처리해야 할 일은 빠르게 처리해서 큰일로 키우지 않아야 합니다. **오늘 이렇게** 옷장 정리, 방 정리 등 사소하다고 여긴 일들을 꼭 해 봅니다.

11월 17

일정한 재산이 없으면 일정한 마음도 없다.

맹자
중국 전국 시대의 유교 사상가예요.
공자의 사상을 발전시켜 후세에 유학을 전했습니다.

고정욱의 한 마디 재산과 물질이라는 것은 살아가는 데 반드시 필요합니다. 이것이 없으면 마음이 흔들리기 쉽습니다. 꿈을 이루려고 열심히 노력하는 이유도 내 삶을 평화롭게 지키기 위한 것입니다. **오늘 이렇게** • 내 삶이 흔들리지 않게 할 수 있는 또 다른 방법을 찾아보세요.

2월
13

삶은 아마도 우리가 만들어 낸 실수들로 더 나아지고 있을 것이다.

닉 나이트
영국 사진작가예요. 사진과 디지털 그래픽 기술을 결합해 자기만의 스타일을 시도했어요.
다큐멘터리에서 패션 사진, 디지털 영상까지 독창적인 스타일을 만들었습니다.

고정욱의 한 마디 새로운 것을 시도하다 보면 실수를 하게 마련입니다. 잦은 실수를 줄이려다 보면 발전이 있게 됩니다. **오늘 이렇게 •** 물건을 잃어버리거나, 준비물을 깜빡하는 등 실수를 통해 깨달음을 얻은 경험을 적어 보세요.

11월
16

우선 무엇이 되고자 하는가를 자신에게 말하라. 그리고 해야 할 일을 하라.

에픽토테스
고대 그리스의 철학자예요.
의지의 중요성과 실천의 의미를 강조했습니다.

고정욱의 한 마디 자신과의 대화가 소중합니다. 내가 남이 되어 나 자신을 평가할 수 있기 때문입니다. 늘 내가 원하는 것이 무엇인지 자신과 대화를 나눠 보세요. 내가 나의 가장 훌륭한 감독이 될 것입니다. **오늘 이렇게** • 거울을 보며 자신과 이야기 나누어 보세요.

2월 14

자기를 희생할 줄 아는 사람만이 위대해질 수 있다.

고트홀트 에프라임 레싱
독일의 연극 평론가예요.
시민을 주인공으로 한 시민극을 생기 있는 장르로 만들어
독일 문화 발전에 이바지했습니다.

고정욱의 한 마디 누구나 자신은 소중하다고 생각합니다. 그 소중한 자신을 바치는 일을 희생이라고 합니다. 희생하는 자들이 영웅이 되고 의인이 되는 법입니다. 가장 소중한 것을 내주었기 때문이지요. **오늘 이렇게** • 학교생활에서 자기희생할 수 있는 일들이 무엇인지 적어 보세요.

11월 15

문제점을 찾지 말고 해결책을 찾으라.

헨리 포드
'자동차의 왕'이라 불리는 미국의 사업가예요. 벨트 위에 부품을 올려놓고
자동차 조립을 순차적으로 하는 기술을 개발했습니다.

고정욱의 한마디 우리는 살면서 많은 문제를 경험합니다. 하지만 그 문제들은 해결하기 위해 있는 것입니다. 문제를 해결해 낼 때 우리 삶은 좀 더 나아질 수 있습니다. 좀 더 행복과 기쁨을 얻을 수 있습니다. **오늘 이렇게** • 생활에서 불편한 것들을 찾아 어떻게 바꿀지 생각해 보세요.

2월
15

생각은 자유다.

윌리엄 셰익스피어
세계적으로 유명한 영국 극작가예요. 16세기 말에서 17세기 초에 쓴
그의 희곡은 오늘날에도 세계 여러 나라에서 자주 공연됩니다.

고정욱의 한 마디 인간의 생각은 무궁무진해서 무엇이든 상상할 수 있어요. 실제 행동으로 옮기기 전에는 얼마든지 생각의 나래를 펼쳐도 됩니다. **오늘 이렇게** • 하늘의 구름을 보며 상상을 펼쳐 보세요.

11월
14

삶이 그대를 속일지라도 슬퍼하거나 노하지 말라.

알렉산드르 푸시킨
제정 러시아의 시인, 소설가예요. 러시아 근대 문학의 창시자로서 문학의
온갖 장르에 걸쳐 재능을 발휘했습니다.

고정욱의 한 마디 우울하고 힘든 삶조차도 지나고 나면 그리워질 수 있습니다. 그 이유는 소중한 나의 삶이었기 때문입니다. 슬퍼하거나 화내거나 그때그때 나의 감정을 소모하지 않는 것이 중요합니다. **오늘 이렇게** 나의 즐거운 날은 언제일지 달력에 표시해 보세요.

2월
16

성공은 열심히 노력하며 기다리는 사람에게 찾아온다.

토머스 에디슨
미국의 발명가이며, 사업가예요. 발명왕이라는 별명을 가질 정도로
세계에서 발명을 가장 많이 한 사람으로, 1,093개의 미국 특허가 그의 것입니다.

고정욱의 한 마디 성공이 행운으로 느껴지는 이유는 그 노력과 인내의 과정이 남의 눈에 보이지 않기 때문이에요. 하지만 그들은 쉬지 않고 실력을 기르며, 기회가 오면 놓치지 않으려 애쓴답니다. **오늘 이렇게** • 에디슨이 전구를 발명하기 위해 어떻게 했는지 자료를 찾아 읽어 보고 요약·정리하세요.

11월

13

숯쟁이도 제 집에 들어가면 주인이다.

속담

고정욱의 한 마디 관공서나 회사에 문의 전화하면 "상담원도 누군가의 소중한 가족입니다. 폭언, 욕설 등을 삼가 주십시오."라는 말이 흘러나옵니다. 하는 일과 관계없이 모두들 집에 들어가면 누군가의 소중한 가족이니 예의를 갖춰 달라는 말입니다. 늘 상대방과 처지를 바꾸어 생각하고 배려하는 마음을 지녀야 합니다. **오늘 이렇게** • 주변에서 내가 배려해야 할 사람을 찾아 따뜻한 마음을 전해 보세요.

2월
17

성공이 끝은 아니다.

윈스턴 처칠

영국의 정치인이에요. 1차 세계 대전에는 해군 장관으로, 2차 세계 대전에는 총리로 참전하여 전쟁을 승리로 이끌었지요. 전쟁 후 얄타 회담과 포츠담 회담에서 중요 역할을 했고, 1953년에는 노벨 문학상도 받았습니다.

`고정욱의 한 마디` 성공만 좇으면 안 된다는 뜻도 있지만, 작은 성공을 이루고 난 뒤엔 또 다른 성공을 향해 계속 도전하라는 뜻도 있어요. **오늘 이렇게** • 나의 꿈들을 꼽아 보고, 이루고 싶은 순서대로 적어 보세요.

11월
12

인생에서 원하는 것을 얻기 위한 첫 번째 단계는 내가 무엇을 원하는지 결정하는 것이다.

레너드 번스타인
미국의 지휘자, 작곡가, 저술가예요.
미국 클래식 음악에 큰 영향을 미쳤습니다.

고정욱의 한 마디 학교 다니고, 공부할 때 꾸는 꿈은 사실 확정된 것이 아니라고 할 수 있습니다. 다양한 경험을 하면서 앞으로 어떤 일을 할 것인지, 그 일을 위해 어떤 노력을 할 것인지 나를 탐색하는 것이지요. 그러니 충분히 공부하고 많은 경험을 쌓는 것이 중요합니다.
오늘 이렇게 · 새로 경험해 볼 일을 찾아보세요.

2월 18

성공하기 전에는 항상 그것이 불가능한 것처럼 보이게 마련이다.

넬슨 만델라

인종 차별이 심하던 남아프리카공화국에서 흑인으로서 대통령이 되었어요.
평생을 인종 차별에 반대하는 운동을 하다 감옥에 26년을 갇혀
인권 운동의 상징적 인물이 되었습니다.

고정욱의 한마디 해 보지 않으면 세상 대부분 일들이 어렵게 느껴집니다. 하지만 시도해 보고 도전해 보면 뜻밖에 어렵지 않게 이루어 낼 수 있는 일들도 있답니다. **오늘 이렇게** 불가능해 보이던 남아프리카공화국 흑인 대통령이 된 넬슨 만델라의 자료를 찾아보고 어떻게 성공에 이르게 되었는지 글로 정리해 보세요.

11월

11

저 건너 빈터에서 잘살던 자랑하면 무슨 소용 있나.

속담

고정욱의 한 마디 어제 무엇을 먹었는지, 무슨 옷을 입었는지는 중요하지 않습니다. 다 지나갔기 때문입니다. 중요한 것은 오늘이고 내일입니다. 과거에 얽매이지 않고 지금부터 잘하는 것이 내 삶을 풍요롭게 만듭니다. **오늘 이렇게** • 아침에 이를 닦으면서 오늘 어떻게 재미있는 하루를 보낼지 생각해 보세요.

2월 19

성공하려면 주춤거리는 것보다 모험을 하는 편이 낫다.

니콜로 마키아벨리
이탈리아의 정치 사상가, 외교가, 역사가예요.
《군주론》이라는 책에서 인간에 대한 생각을 정치학으로 정리했습니다.

고정욱의 한 마디 ▶ 주춤거린다는 것은 온 힘을 기울이지 못한다는 뜻이에요. 그러니 당연히 성공이 멀어집니다. 기를 모아 온몸을 던지는 모험을 해야 성공에 가까워지지요.
오늘 이렇게 • 내가 하고픈 모험을 생각해서 적어 보세요. 가장 마음에 드는 모험을 큰 종이에 적어 벽에 붙여도 좋습니다.

11월 10

인생을 다시 산다면 다음번에는 더 많은 실수를 저지르리라.

나딘 스테어
미국의 시인이에요. 85세에 시를 쓰기 시작했습니다.
대표 작품으로 '영혼을 위한 닭고기 수프'가 있습니다.

고정욱의 한 마디 무언가를 도전하거나 시도한다면 실수하거나 실패하게 마련입니다. 실수와 실패의 수는 얼마나 많이 도전했는지를 알려 줍니다. 도전을 두려워할 필요는 전혀 없습니다. 도전하는 자만이 열매를 얻을 수 있기 때문입니다. **오늘 이렇게** • 실패를 두려워 말고 어려운 일에 도전하세요.

2월 20

세상에 때를 만난 아이디어보다 강한 것은 없다.

빅토르 위고
프랑스의 소설가, 시인, 극작가예요. 만년에는 정치적 글도 많이 썼어요.
대표 작품으로, 소설 《노트르담의 꼽추》, 《레미제라블》이 있습니다.

고정욱의 한 마디 때를 만난다는 것은 좋은 기회가 왔다는 뜻이에요. 같은 아이디어라도 때를 만난 것은 더욱 크게 쓰이지요. 끊임없이 아이디어를 내다 보면 때를 만날 기회가 더 생기겠지요. **오늘 이렇게** • 날마다 새로운 아이디어 세 가지를 내서 적어 놓으세요.

11월
9

먹고 싶은 대로 다 먹을 수 있다면 먹고 싶은 것을 먹는 데 무슨 재미가 있겠나.

톰 행크스
미국의 영화배우, 감독이에요. 코로나19에 걸린 사실을
최초로 공개한 용기 있는 배우이기도 합니다.

고정욱의 한 마디 절제와 인내라는 미덕이 있습니다. 마구 낭비하지 않고 내가 아끼고 절제한 것을 누군가에게 나눠 주는 것입니다. 마음대로 할 수 있지만 그러지 않는 것이 진짜 행복입니다. **오늘 이렇게** • 마음대로 하고 싶은 것들을 쭉 적으면서 절제에 대해 생각해 보세요.

2월
21

젊은이가 늙기는 쉬우나 학문은 이루기 어렵다. 아주 짧은 시간도 가볍게 여기지 마라.

주희
중국 송나라의 유학자예요. 유학 경전을 비판하고 고증하면서 송나라, 원나라, 명나라, 청나라 사상의 중심을 세웠어요. '주자'라고 높여 이르며, 그의 학문을 주자학이라고 합니다.

고정욱의 한 마디 시간을 헛되이 쓰지 말라는 뜻이에요. 배움은 끝이 없으니 짧은 시간도 아껴서 공부해야 뜻을 이루는 길로 갈 수 있어요. **오늘 이렇게** • 백 살이 되려면 몇 년 남았는지 계산해 보세요.

11월
8

자신이 해야 할 일을 결정하는 사람은 세상에서 단 한 사람, 오직 나 자신뿐이다.

오슨 웰스
미국의 배우, 영화감독, 영화 프로듀서예요. 그의 첫 번째 영화 〈시민 케인〉은
미국 영화 연구소가 뽑은 100대 영화에서 1위를 차지했습니다.

고정욱의 한 마디 부처님도 태어날 때 "이 세상에는 나 혼자서 존귀하다."고 했습니다. 나는 절대 보잘것없거나 쓸데없는 존재가 아닙니다. 나는 이 세상에 하나밖에 없기 때문이죠. 나의 존엄성은 누구도 훼손할 수 없습니다. **오늘 이렇게** • 나는 작은 우주입니다. 아무에게도 흔들리지 마세요.

2월

22

습관은 인간에게 어떤 일이든 하게 한다.

미하일로비치 도스토옙스키

러시아의 작가예요. 인간 심성을 뚫어 보는 심리적 통찰력을 가지고
작품을 썼어요. 특히 《죄와 벌》, 《카라마조프가의 형제들》 등의 작품은
세계 문학사상 가장 위대한 소설로 평가받습니다.

고정욱의 한 마디 ▶ 습관은 제2의 천성이라고 합니다. 타고난 것만큼 거부할 수 없이 강하다는 뜻이지요. 올바른 습관을 기르도록 노력해야 합니다. **오늘 이렇게** • 나의 좋은 습관과 나쁜 습관을 적어 보세요.

11월

7

개미는 작아도 탑을 쌓는다.

속담

고정욱의 한 마디 노력은 인간이 부릴 수 있는 마법이며 기적입니다. 비록 작아 보이지만 노력만이 큰일을 해낼 수 있는 유일한 재료입니다. 그렇게 이룬 업적이라야만 사람들의 존경을 받습니다. **오늘 이렇게** • 내 노력을 가볍게 여기지 말고 꾸준히 이어 가세요.

2월

23

먼저 자신을 비웃어라.
다른 사람이 당신을 비웃기 전에.

엘사 맥스웰

미국의 칼럼니스트이며, 회고록과 요리책 등 여러 방면의 글을 쓴 미국 작가이자,
시나리오를 쓴 영화인이기도 합니다. 미국 상류 사회 인사로 유명합니다.

고정욱의 한 마디 늘 자신을 살피라는 말입니다. 나를 제대로 알아야 남들에게도 당당할 수 있기 때문입니다. **오늘 이렇게** · 남의 눈으로 나를 잘 살펴보세요. 잘못하고 있는 게 없는지 찾아보세요.

11월 6

일하여 얻으라. 그러면 운명의 바퀴를 붙들어 잡은 것이다.

랠프 월도 에머슨

미국의 작가이며, 사회사상가예요. 9세에 보스턴 라틴 학교에서 공식적인 학교 과정을 시작했어요.
14세에는 학교 직원들로 하여금 결석한 학생들을 직접 찾아가 그 결과를 교사들에게 알리도록 했지요.
상급생이 되면서 많은 책을 읽었고, '넓은 세상'이라는 저널을 썼어요.
동양 사상에 밝아 청교도의 기독교적 인생관을 비판했습니다.

`고정욱의 한 마디` 열심히 노력하는 사람은 아무도 이길 수 없습니다. 그가 해 놓은 성과들이 결과로 남기 때문입니다. 쓸데없는 공상이나 말로 시간을 낭비하지 말고 끊임없이 실천하고 노력해야 합니다. **오늘 이렇게** • 학교, 집에서 공동체 일원으로서 내가 해야 할 일들을 적어 보세요.

2월 24

먼저 핀 꽃은 먼저 진다. 남보다 먼저 공을 세우려고 조급히 서둘 것이 아니다.

《채근담》
중국 명나라의 홍자성이 위인들의 말을 엮은 책이에요.
사람들과 어울려 살아가는 이치와 자연에서 살아가는 즐거움을 담고 있습니다.

고정욱의 한 마디 남이 조금 앞서 갔다고 걱정하지 마세요. 나도 시간과 노력을 기울이면 언젠가 성과를 낼 수 있습니다. **오늘 이렇게** • "먼저 핀 꽃은 먼저 진다."라고 크게 외쳐 보세요.

11월 5일

겨울이 오면 봄이 멀지 않으리.

퍼시 비시 셸리
영국의 낭만파 시인이에요.
이상주의적 혁명을 추구했습니다.

고정욱의 한 마디 자연의 법칙은 시간이 흐르면 고통도 어려움도 기쁨도 모두 때가 되면 없어지게 만듭니다. 그러니 지금 당장 힘들고 어려운 일이 있다고 실망하거나 좌절하며 의지를 꺾을 필요는 없습니다. 그 고난도 언젠가는 물러가기 때문입니다. **오늘 이렇게** • 나의 봄은 언제 어떤 모습으로 올지 글로 써 보세요.

2월 25

행복한 삶을 살기 위해 필요한 것은 거의 없다.

마르쿠스 아우렐리우스
로마 제국의 16대 황제예요. 자기 자신을 들여다보고
도덕적인 삶을 살 것을 주장했어요. 《명상록》이라는 책을 남겼습니다.

고정욱의 한 마디 물질적인 것이 풍족해야 행복한 건 아닙니다. 마음이 평안해야 행복을 느낄 수 있습니다. 가진 것을 감사히 여기고, 없는 것을 원하지 않으면 행복한 것입니다. **오늘 이렇게** • 부모님, 형제, 친구 등 나에게 소중한 주변 사람들에게 감사하세요. 그리고 그들 덕에 행복하다는 걸 기억하세요.

11월 4

사람은 서로의 처지를 바꿔 생각해야 한다.

공자
중국 춘추 시대의 사상가, 학자예요. 노나라 사람으로, 여러 나라를 두루 돌아다니면서
'인'을 정치와 윤리의 이상으로 하는 도덕주의를 설파하고,
덕치 정치를 강조했습니다.

고정욱의 한 마디 사람들은 대개 자기의 시각으로만 세상을 봅니다. 가끔 내가 다른 사람이 되었다고 상상해 보세요. 그러면 미처 몰랐던 것들을 깨닫게 됩니다. **오늘 이렇게** 나를 섭섭하게 했던 친구의 입장이 되어 보세요.

2월
26

절대 어제를 후회하지 마라.
인생은 오늘의 나 안에 있고,
내일은 스스로 만드는 것이다.

L. 론 허버드
신흥 종교 사이언톨로지교의 창시자예요.
판타지 소설의 대가로 일컬어지기도 합니다.

고정욱의 한 마디 강물에 장난감을 떨어뜨리고 다음 날 다시 가 보면 장난감을 찾을 수 있을까요? 이미 장난감은 떠내려갔을 것입니다. 어제도 마찬가지입니다. 오늘과 내일이 나에게는 가장 소중한 것입니다. **오늘 이렇게** • 계획표를 짜서 그대로 실천하도록 노력하세요.

11월 3

창조적인 삶을 살려면 내가 틀릴지도 모른다는 공포를 버려야 한다.

작자 미상

고정욱의 한 마디 창조적인 삶이란 새로운 것을 생각해 내는 것입니다. 새로운 것은 이제까지 세상에 없던 것입니다. 그래서 맞을지, 틀릴지 아무도 모릅니다. 설령 틀린다고 하더라도 다시 시도하면 그만입니다. 나만의 것을 만들어 간다는 용기가 필요합니다. **오늘 이렇게** • 주변에서 창조적인 삶을 살고 있는 사람을 찾아 관찰해 보세요.

2월 27

어리석은 자는 멀리서 행복을 찾고, 현명한 자는 자신의 발치에서 행복을 키워 간다.

제임스 오펜하임

미국의 시인이며, 소설가예요. 20세기 초 미국 문화 예술에 큰 영향을 미친 사람으로, 노동자와 여성의 권리를 옹호한 것으로 유명합니다.

고정욱의 한 마디 행복의 상징인 파랑새를 찾아 돌아다닌 주인공이 실패하고 집에 오니 자신들이 기르는 새가 파랑새였다는 동화가 있습니다. 내 주변에 많은 행복이 있다는 걸 깨닫는 것이 행복해지는 길입니다. **오늘 이렇게** ▸ 나를 행복하게 하는 것이 무엇인지 적어 가지고 다니면서 힘들 때마다 펼쳐 보세요.

11월 2

문제는 목적지에 얼마나 빨리 가느냐가 아니라, 그 목적지가 어디냐는 것이다.

메이블 뉴코머
미국의 경제학자예요. 금융과 기업 분야에서 강연하며
많은 경제 명언을 만들었습니다.

고정욱의 한 마디 열심히 뛰어갔는데 그곳이 내가 가려고 했던 곳이 아니라면 어떻게 되겠습니까? 다시 돌아와서 새로 출발해야 합니다. 꿈도 마찬가지입니다. 내 꿈이 과연 올바른 일인지, 내가 하고 싶은 일인지 정확하게 알아야 합니다. **오늘 이렇게 ·** 나는 어떤 사람인지 글로 써 보고, 나의 꿈이 나와 맞는지 확인해 보세요.

2월
28

너무 소심하고 까다롭게 자신의 행동을 고민하지 말라. 모든 인생은 실험이다. 더 많이 실험할수록 더 나아진다.

랠프 월도 에머슨

미국의 작가이며, 사회사상가예요. 9세에 보스턴 라틴 학교에서 공식적인 학교 과정을 시작했어요.
14세에는 학교 직원들로 하여금 결석한 학생들을 직접 찾아가 그 결과를 교사들에게 알리도록 했지요.
상급생이 되면서 많은 책을 읽었고, '넓은 세상'이라는 저널을 썼어요.
동양 사상에 밝아 청교도의 기독교적 인생관을 비판했습니다.

고정욱의 한 마디 고민할 시간에 행동해야 합니다. 두려워서 망설일 때에도 과감히 도전해야 합니다. 그렇게 부닥치다 보면 조금씩 나의 삶도 좋아집니다. **오늘 이렇게** • 나의 고민을 적고, 새롭게 도전할 일도 적어 보세요.

11월 1

내 비장의 무기는 아직 손 안에 있다.
그것은 희망이다.

나폴레옹 1세
프랑스의 시골 귀족 출신으로 혁명의 어지러운 시절에
뛰어난 군사적 능력을 발휘해 프랑스를 강대국으로 만든 인물입니다.
유럽을 손아귀에 쥐고 황제까지 되었습니다.

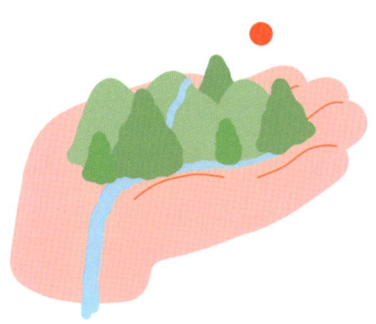

고정욱의 한 마디 나폴레옹은 많은 패배를 경험했습니다. 하지만 한 번도 포기하지 않았습니다. 그에게는 항상 희망이 있었기 때문입니다. 희망 없는 삶은 패배하는 삶과 마찬가지입니다. **오늘 이렇게** • 내 희망 목록을 만들어 보세요.

3월

11월

3월 1

한 번의 실패와 영원한 실패를 혼동하지 마라.

프랜시스 스콧 피츠제럴드
미국의 소설가예요. 미국 최고의 걸작이라 불리는
《위대한 개츠비》를 썼습니다.

고정욱의 한 마디 삶은 실패의 연속입니다. 그러니 한 번 경험한 실패를 영원한 것으로 여기면 다시 일어나기가 어렵습니다. **오늘 이렇게** • 칠전팔기, 즉 일곱 번 넘어져도 여덟 번 일어난다는 말의 뜻을 가슴에 새기세요.

10월

31

최고에 도달하려면 최저에서 시작하라.

푸블릴리우스 시루스
고대 로마의 작가, 풍자 시인이에요.
노예였지만 재능을 인정받아 해방되었습니다.

고정욱의 한 마디 개구리가 뛰어오를 때는 다리를 움츠렸다 최대한 힘껏 뻗습니다. 더 큰 힘을 내려면 이처럼 한 발 물러서서 노력해야 합니다. 물러서는 것은 부끄러운 것이 아닙니다. **오늘 이렇게** • 서두르고 있는 일이 있는지 살펴보고, 잠시 깊은 숨을 내쉬어 보세요.

3월
2

우리는 오래 살기 위해서가 아니라, 옳게 살기 위해 노력해야 한다.

세네카
고대 로마의 정치가예요. 네로 황제의 스승이었지요.
소크라테스를 존경하던 철학자였으며, 당대 최고의 웅변가였을 뿐만 아니라
뛰어난 비극 극작가이자, 감정이 풍부한 시인이었습니다.

고정욱의 한 마디 나쁜 짓들을 저지르며 오래 산다 한들 자신과 사회에 아무 도움이 되지 않습니다. 하루하루 옳은 일들로 채워 가는 삶이 참된 삶이라는 뜻이에요. **오늘 이렇게** 옳게 사는 것이 무엇인지 생각해서 적어 보세요.

10월 30

용기 있는 자로 살아라.
운이 따라 주지 않는다면
용기 있는 가슴으로 불행에 맞서라.

마르쿠스 툴리우스 키케로
고대 로마의 정치가이며, 웅변가예요. 수사법과 웅변에 관한 책을 많이 펴냈지요.
철학사에서 그리스 사상의 전달자로서 중요하게 평가되고 있습니다.

고정욱의 한 마디 다윗은 돌팔매 하나로 골리앗에게 맞섰습니다. 용기가 있었기 때문입니다. 내가 가지고 있는 모든 것으로 삶을 헤쳐 나가야 합니다. 용기가 나의 편이 되어 줄 테니까요. **오늘 이렇게** • 내가 두려워하는 일이 무엇인지 생각해 보고, 이겨 내기 위한 방법을 궁리해 보세요.

3월

3

행복의 한쪽 문이 닫힐 때 다른 쪽 문은 열린다.

헬렌 켈러

미국의 작가이자 사회 복지 사업가예요. 19개월 되던 때 열병으로 시각과 청각을 잃었어요.
하지만 설리번 선생님을 만나 글을 익히고 말을 배웠지요.
어른이 되어서는 장애인 복지에 관심을 갖고 큰 공헌을 했습니다.

고정욱의 한마디 실패와 좌절은 큰 슬픔을 주지요. 하지만 어느 한 분야의 어려움일 뿐이에요. 다른 쪽으로 눈을 돌리면 헤쳐 나갈 길이 있어요. **오늘 이렇게** • 내가 좌절했을 때 무엇이 돌파구였는지 생각해 보세요.

10월
29

천재는 평범한 사람들이 중도에 단념하고 마는 일을 끝까지 포기하지 않고 열중해서 결국에는 완성하는 사람을 말한다.

그라시안 이 모랄레스
스페인의 작가, 예수회 신부예요. 타라고나의 예수회 부속학교장을 역임했고,
프랑스 도덕주의자들의 선구가 되었어요. 대표 작품으로 《비평가》가 있습니다.

고정욱의 한 마디 끈기, 열정, 희망 같은 것들이 갖추어지면 남다른 꿈을 이루는 사람이 됩니다. **오늘 이렇게** • 그동안 하다가 포기한 일을 오늘 다시 시작하세요.

3월 4

어둡고 힘든 시절을 견뎌 내는 것만으로도 당신 안의 또 다른 능력이 개발되고 있다.

데쓰카 오사무
오늘날 만화 왕국 일본이 건설되도록 앞장선 인물이에요.
의대를 졸업했지만 만화가의 길로 들어서 1963년 텔레비전 시리즈 애니메이션
'우주소년 아톰'이 방영되면서 세계적인 만화가로 발돋움했습니다.

고정욱의 한 마디 능력은 발휘하고 활동할 때만 커지는 게 아니에요. 어려움을 견디며 실력을 갈고닦으면 다시 크게 날아오를 수 있어요. **오늘 이렇게** • 나를 가장 힘들게 하는 한 가지를 종이에 적고 "이겨 낼 거야!"라고 크게 외쳐 보세요.

10월 28

남들보다 더 잘하려고 고민하지 마라. 지금의 나보다 잘하려고 애쓰는 게 더 중요하다.

윌리엄 포크너
미국의 작가예요. 20세기 가장 큰 영향력을 가진 작가로
1949년에 노벨 문학상을 받았습니다.

고정욱의 한 마디 누구나 고민이 있습니다. 하지만 그 고민을 이겨 내지 못하면 계속 우울하고 힘들게 살아야 합니다. 사람들은 대부분 어려움과 고통을 이겨 내며 살아갑니다. 고통이나 고민에 발목 잡힐 수는 없습니다. **오늘 이렇게** • 지금의 나보다 잘할 수 있는 게 무엇인지 세 가지만 적어 보세요.

3월 5

어떤 일을 잘 수행하기 위해서는 첫 번째로 사랑, 두 번째로 기술이 필요하다.

안토니오 가우디
스페인의 건축가예요. 평생을 바르셀로나에 있는 성가족교회를 짓는 데 힘썼지요.
구엘 공원, 콜로냐 구엘 교회, 카사 바트요 등을 지었습니다.

고정욱의 한 마디 하기 싫은 일을 잘 해내기는 어렵습니다. 어느 분야에서 성공하려면 먼저 그 일을 사랑해야 잘 해낼 수 있으며, 기술이 개발될 수 있습니다. **오늘 이렇게** • 내가 가장 잘하는 일은 무엇인지, 그 일을 얼마나 사랑하는지 적어 보세요.

10월
27

운은 용기를 내는 사람의 편이다.

푸블리우스 베르길리우스 마로
고대 로마의 시인이에요. 건전하고 보수적인 가치관을 대변하는 베르길리우스의
작품은 각지의 학교에서 교과서로 쓰일 정도였습니다.

고정욱의 한 마디 웅크리고 앉아 벌벌 떨며 머뭇거리고 있는 사람과 어려운 환경에서도 활기차게 이곳저곳 다니며 열심히 일하는 사람을 떠올려 보세요. 누구에게 운이 따를까요? 힘들더라도 용기를 내어 힘차게 일어나는 사람에게 운이 따릅니다. **오늘 이렇게** • "나는 용기 있는 사람이다."라고 크게 외치고 하루를 시작하세요.

3월 6

예술가는 사람들이 가질 필요가 없는 것들을 생산하는 사람이다.

앤디 워홀

미국의 화가, 영화 제작자예요. 그림, 출판, 영화, 광고 사진 등의 분야에서 활발하게 작품 활동을 했지요. 예술품을 공장에서 찍듯이 만들겠다는 도전적인 개념을 실천한 것으로 유명합니다.

고정욱의 한 마디 예술은 인간의 감성을 자극하고, 심미안을 키워 줘요. 그렇기에 예술가들이 하는 일은 의미가 있지요. 비록 쓸모없어 보일지라도요. **오늘 이렇게** • 우리 집에 음악, 미술 등 예술과 관련된 물건이 있는지 찾아보세요.

10월 26

작은 기회로부터 종종 위대한 업적이 시작된다.

데모스테네스
고대 그리스의 정치가, 웅변가예요.
처음에는 전문 연설가 이소크라테스의 영향으로 조화되고
세련된 문체를 사용하였으나, 점차 무겁고 압도하는 문체로 바뀌었습니다.

고정욱의 한 마디 물고기 잡던 베드로는 예수 그리스도가 자기를 따라오라고 한마디 한 것 때문에 오늘날 12사도로 불립니다. 이렇듯 살다 보면 좋은 기회가 다가옵니다. 때로는 그 기회를 잡고 그 길로 가는 것, 그것이 나의 삶을 훌륭하게 바꿀 수도 있습니다. **오늘 이렇게** 작은 일들도 성실하게 해내는 하루를 보내세요.

3월 7

오늘 할 수 있는 일에 최선을 다해라.

아이작 뉴턴
영국의 과학자예요. 역학 분야에서 공로를 세웠고,
뉴턴의 1, 2, 3법칙도 발견했어요. '현대 과학의 아버지'라 불립니다.

> **고정욱의 한 마디** 삶을 영위하려면 날마다 생산적인 일을 해야 해요. 이런 노력이 쌓여야 열매를 맺을 수 있지요. 그러려면 오늘 내가 할 수 있는 일을 적극적으로 해내야 새로운 마음가짐으로 새날을 맞을 수 있어요. **오늘 이렇게** • 오늘 해야 할 일 한 가지를 정하고 꼭 해내세요.

10월
25

모든 것들에는 나름의 경이로움과
심지어 어둠과 침묵이 있고,
내가 어떤 상태에 있더라도
나는 그 속에서 만족하는 법을 배운다.

헬렌 켈러

미국의 작가이자 사회 복지 사업가예요. 19개월 되던 때 열병으로 시각과 청각을 잃었어요.
하지만 설리번 선생님을 만나 글을 익히고 말을 배웠지요.
어른이 되어서는 장애인 복지에 관심을 갖고 큰 공헌을 했습니다.

고정욱의 한 마디 보지 못하고 듣지 못하고 말하지 못하는 헬렌 켈러도 행복을 배우고, 만족을 느꼈습니다. 한마디로 이 세상에 어떤 불행도 인간 삶의 의지를 꺾을 수는 없다는 것입니다. **오늘 이렇게** • 오늘 가장 만족스러운 것은 무엇인지 순서대로 열 가지를 적어 보세요.

3월
8

오래 살지 못할 것이라는 예상이 나를 더 열심히 살게 했고, 더 많은 일을 하도록 만들었다.

스티븐 호킹

영국의 물리학자예요. 블랙홀에 관한 이론을 공부하고,
시간과 공간에 대해 연구했어요. 21세에 루게릭병을 앓기 시작해 5년의 시한부 선고를 받았지만,
이후 55년을 더 살면서 연구 활동을 했습니다.

고정욱의 한 마디 주어진 시간이 부족하면 그만치 집중을 하게 되고, 그 결과 놀라운 성과를 낼 수 있어요. 어떤 일을 하는 데 시간보다 집중과 열정이 중요한 거죠. **오늘 이렇게**
- 나의 집중력은 몇 시간일까요? 책을 읽으면서 시간을 재 보세요.

10월 24

성취의 크기는
목표를 이루기 위해 극복해야 했던
장애물의 크기로 잰다.

부커 T. 워싱턴
미국의 교육자, 연설가예요.
흑인 사회의 대표적인 지도자로 활동했습니다.

고정욱의 한 마디 무언가를 이루기 위해 나아가는 길에는 어려운 고비들이 있게 마련입니다. 힘들지만 그런 과정들을 거쳐야 성공의 열매를 딸 수 있습니다. 고비를 넘기면서 깨달음을 얻기 때문입니다. **오늘 이렇게** • 내가 극복해야 할 장애물들을 그림으로 그려 보세요.

3월
9

오래전 심은 한 그루 나무 덕분에 누군가 그 나무 그늘 아래에서 쉴 수 있다.

워런 버핏

미국의 기업인이자 투자가예요. 다국적 지주 회사인 버크셔 해서웨이의 회장이지요.
세계 최고의 부자 가운데 한 명이며, 기부 문화 확산에 앞장서고 있습니다.

`고정욱의 한 마디` 달콤한 결실은 한순간에 맺어지지 않습니다. 미리 준비하고 씨를 뿌리고 준비해야 합니다. 그런 노력이 있기에 훗날 보람을 얻을 수 있어요. **오늘 이렇게** 나는 후손들에게 무엇을 '나무'로 남길 건지 생각해 보세요.

10월
23

당신이 할 수 있다고 믿든, 할 수 없다고 믿든, 믿는 대로 될 것이다.

헨리 포드
'자동차의 왕'이라 불리는 미국의 사업가예요. 벨트 위에 부품을 올려놓고
자동차 조립을 순차적으로 하는 기술을 개발했습니다.

고정욱의 한 마디 코끼리를 말뚝에 묶어 놓으면 그 말뚝을 뺄 힘이 있는데도 말뚝의 끈만큼만 움직인다고 합니다. 내가 나를 어느 정도로 믿느냐에 따라 나의 능력은 무한히 커질 수 있습니다. **오늘 이렇게** • 좋은 것, 멋진 것, 훌륭한 것이 나의 앞길에 있다고 믿으세요.

3월

10

완벽에 대한 두려움을 갖지 마라. 당신은 어차피 결코 완벽에 도달하지 못할 것이다.

살바도르 달리
스페인의 초현실주의 화가예요. 정신 분석 이론을 바탕으로 잠재의식 속
환상 세계를 그림으로 표현했어요. '20세기 가장 독창적인 천재'라 불립니다.

고정욱의 한 마디 아무리 완벽하게 지은 집도 살다 보면 문제가 생기는 부분이 있습니다. 그러면 언제든 그 부분을 고치고 수리해야 하지요. 이렇듯 사람의 삶도 완벽할 수 없으니 두려워하지 말고 과감히 도전하라는 뜻입니다. **오늘 이렇게** • 완벽하게 해내고 싶은 일은 무엇인지 생각해 보고, 일단 도전해 보세요.

10월
22

가장 용감한 행동은 자신을 위해 생각하고, 그것을 큰 소리로 외치는 것이다.

가브리엘 샤넬

프랑스의 패션 디자이너이면서 사업가예요. '샤넬'이라는 브랜드를 만들었습니다. 세계 패션 역사에, 특히 여성복과 실용성이라는 부분에 한 획을 그은 사람이지요. '코코 샤넬'이라는 별명으로 불리기도 합니다.

고정욱의 한 마디 부모님과 선생님들이 나를 이끌어 주시긴 합니다. 하지만 그분들도 어차피 남입니다. 가장 중요한 것은 나의 느낌과 나의 소망입니다. 내가 원하는 것, 나의 느낌대로 가는 것이 어쩌면 나의 길일 수 있습니다. **오늘 이렇게** • 나의 꿈을 다른 사람에게 설명해 보세요.

3월 11

완수하는 것이 완벽한 것보다 낫다.

마크 저커버그
세계에서 가장 큰 영향력을 가진 소셜 네트워크 서비스(SNS)
페이스북을 만든 창업자예요. 페이스북을 통해 전 세계 사람들이 연결될 수 있기에
사람들 삶의 방식을 바꾸었다는 평가를 받습니다.

고정욱의 한 마디 일을 완벽하게 하려고 하면 완수하지 못하는 수가 있어요. 완수가 중요한 일에 완벽을 추구하다 일을 망치면 안 되겠지요. **오늘 이렇게** 완벽하게 처리하려고 미뤄 둔 일이 있는지 확인해 보세요.

10월
21

자신을 내보여라.
그러면 재능이 드러날 것이다.

발타사르 그라시안
스페인의 작가예요. 개인의 성숙을 높은 가치로 여기는 유명한 설교자였습니다.

`고정욱의 한 마디` 학교에서 재능을 발표해 보라고 하면 당당하게 손 들고 나가세요. 나를 보여 줄 때 많은 사람이 나의 재능을 알게 되고 나에게 새로운 기회가 옵니다. **오늘 이렇게**
• 수업할 때 손 들고 자신 있게 의견을 발표하세요. 틀려도 괜찮아요.

3월

12

우리는 마음을 바꿈으로써 현실을 바꿀 수 있다.

플라톤
고대 그리스의 위대한 철학자예요.
아테네의 귀족이면서 소크라테스의 제자이자, 아리스토텔레스의 스승이지요.
철학자가 다스리는 이상 국가의 사상으로 유명합니다.

고정욱의 한 마디 마음을 바꾸면 세상에 도전할 수도 있고, 세상을 다르게 볼 수도 있어요. 그렇게 함으로써 어려움을 이겨 낼 수도 있고, 현실을 바꿀 수도 있어요. **오늘 이렇게** • 할 수 없다고 포기했던 일 한 가지를, 할 수 있다는 마음으로 다시 도전해 보세요.

10월
20

그대의 하루하루를
그대의 마지막 날이라고 생각하라.

호라티우스

고대 로마의 서정·풍자 시인이에요. 아카데메이아에서 주로 그리스어를 연구했어요.
브루투스를 따라 참전했다가 패하여 귀국 한 뒤에 아버지 재산이 몰수되어
가난해지면서 시를 쓰기 시작했습니다.

고정욱의 한 마디 마지막 날 무엇을 할까요? 아마 가장 소중한 일을 하게 될 것입니다. 오늘이 마지막 날이라고 생각한다면 오늘 하루를 가장 소중하게 꾸밀 수 있습니다. **오늘 이렇게** • 오늘 하루를 소중히 여기고 잘 꾸며 보세요.

3월

13

우리는 생각하는 대로 된다.

마거릿 대처

영국 최초의 여성 보수당 당수이면서 총리예요.
물가가 오르지 않도록 하고, 정부를 작게 만들고,
능력 있는 사람이 더 돈을 받도록 해서 영국 경제를 회복시켰습니다.

고정욱의 한마디 모든 일의 시작은 생각을 하는 것부터예요. 원하는 것, 도전 과제, 목표, 다 생각해서 얻은 것이에요. 그렇기에 생각하는 것이 뭔가를 이루는 첫걸음이라고 할 수 있지요. **오늘 이렇게** • '꿈은 이루어진다.'는 생각을 가슴에 새겨 보세요.

10월
19

위에 비교하면 족하지 못하나, 아래에 비교하면 남음이 있다.

《명심보감》
마음을 밝게 해 주는 좋은 글귀를 모아 놓은 책이에요.
동양권의 《탈무드》라 할 수 있지요.

고정욱의 한 마디 고개를 들어 위를 보면 나보다 뛰어난 사람들만 보입니다. 나는 부족하고 못나 보이지요? 하지만 아래를 내려다보면 나보다 못한 사람들과 어려운 사람이 많습니다. 그들을 보며 나에게 주어진 행복과 기쁨을 감사해야 합니다. **오늘 이렇게** 주변에서 나보다 힘든 사람을 찾아보세요.

3월 14

이마에 땀을 흘리며 그날의 빵을 구하라.

레프 니콜라예비치 톨스토이
러시아의 작가예요. 개혁가이며, 사상가이기도 해요.
《전쟁과 평화》,《안나 카레니나》같은 작품을 남겼습니다.

고정욱의 한마디 일하지 않고 수익을 올리려 하지 말고 성실하게 일해서 뭔가를 얻을 생각을 해야 해요. 자신이 일하지 않고 뭔가를 얻으려면 남에게 피해를 주니까요. **오늘 이렇게** • 주변에서 가장 열심히 일하는 사람을 찾아보세요.

10월
18

성공해서 만족하는 것은 아니다. 만족하고 있었기 때문에 성공한 것이다.

알랭
프랑스의 철학자, 비평가예요. '판단의 자유'를 중시했으며,
행복, 문학, 미학, 교육, 정치 등에 관한 에세이들을 발표했습니다.

고정욱의 한 마디 성공은 사람마다 다릅니다. 만족하는 사람도 다릅니다. 하지만 남과 비교하지 않고 나 스스로 부끄럽지 않게 최선을 다했다면 그것이 바로 성공이라 할 수 있습니다. **오늘 이렇게** • 지금의 나에 대해 얼마나 만족하고 있는지 1점부터 10점까지 점수를 매겨 보세요.

3월 15

인간은 그들이 강하다고 생각하는 것만큼 강하며, 그들이 약하다고 생각하는 것만큼 약하다.

지크문트 프로이트
오스트리아의 정신과 의사이며, 정신 분석학파의 창시자예요.
인간의 정신 및 정신병 치료에 관한 이론을 제시했고,
문화와 사회를 해석하는 이론을 만들었습니다.

고정욱의 한 마디 인간은 신념의 동물입니다. 자신이 믿는 대로 행동하고 믿는 대로 이루어져요. 그렇기에 강인한 생각으로 자신을 지켜 내야 해요. **오늘 이렇게** · 나의 강한 점과 약한 점을 적어 보세요.

10월 17

만족할 줄 아는 사람은 진정한 부자이고, 탐욕스러운 사람은 진실로 가난한 사람이다.

솔론
고대 그리스의 정치가, 입법자, 시인이에요. 집정관 겸 조정자로 선정되어
정권을 위임받은 후, '솔론의 개혁'이라 일컫는 여러 개혁을 단행했어요.
그리스 일곱 현인 가운데 한 사람입니다.

고정욱의 한 마디 하루 세끼 먹고 누워 잘 자리만 있으면 사람은 살아갈 수 있습니다. 이것을 만족할 줄 알고 이것에서 행복을 느끼는 사람이 진정 지혜로운 자입니다. **오늘 이렇게** • '만족'과 '탐욕'에 대해 글로 정리해 보세요.

3월
16

인내는 만족의 열쇠다.

마호메트

이슬람의 예언자예요. 610년경 히라산에서 짓눌리는 듯한
영적 체험을 통해 신의 계시를 받았어요.
그 후 사명을 가지고 전도해서 오늘날 이슬람교를 만들어 냈습니다.

고정욱의 한 마디 행복은 누구나 원하지만 그냥 얻어지지 않습니다. 노력이 필요합니다. 노력은 고통이 따르기에 참고 견디지 않으면 얻을 수 없어요. **오늘 이렇게** • 반듯하게 앉아 눈을 감고 천천히 숨을 쉬며 참을성을 길러 보세요.

10월 16

실패한 일을 후회하는 것보다
해 보지도 못하고 후회하는 것이
훨씬 바보 같다.

《탈무드》
히브리족의 경전이에요.
오랜 역사 속의 삶의 지혜를 많이 담고 있습니다.

고정욱의 한 마디 이미 나의 손을 떠난 것에 미련을 둘 필요는 없습니다. 살다 보면 나의 길이 아닌 것들을 만나게 됩니다. 그럴 때는 재빨리 또 다른 희망을 향해 나아가야 합니다.
오늘 이렇게 • 《탈무드》에서 좋은 말들을 더 찾아보세요.

3월

17

인생이란 결코 공평하지 않다. 이 사실에 익숙해져라.

빌 게이츠
미국의 기업인이에요. 어린 시절부터 컴퓨터 프로그램
만드는 것을 좋아했어요. 하버드대학교를 자퇴하여 회사를 만들었고,
컴퓨터 시대에는 소프트웨어가 중요하다는 걸 간파해 엄청난 부를 쌓았습니다.

고정욱의 한 마디 같은 사람이라도 처한 환경과 재능, 노력에 따라 결과가 달라집니다. 그 사실을 받아들이고 노력하면 많은 일을 이룰 수 있습니다. **오늘 이렇게** • 다른 사람을 부러워하기보다 내가 잘할 수 있는 일에 집중하세요.

10월 15

가난은 가난하다고 느끼는 곳에 존재한다.

랠프 월도 에머슨

미국의 작가이며, 사회사상가예요. 9세에 보스턴 라틴 학교에서 공식적인 학교 과정을 시작했어요. 14세에는 학교 직원들로 하여금 결석한 학생들을 직접 찾아가 그 결과를 교사들에게 알리도록 했지요. 상급생이 되면서 많은 책을 읽었고, '넓은 세상'이라는 저널을 썼어요. 동양 사상에 밝아 청교도의 기독교적 인생관을 비판했습니다.

고정욱의 한 마디 세상에는 움막부터 엄청 호화로운 집까지 다양한 환경에서 살아가는 사람들이 있습니다. 하지만 움막에 사는 사람이 모두 자신이 가난하다고 생각할까요? 꼭 그렇지는 않습니다. 그들은 나름대로 가족들과 행복하게 살아갈 수도 있습니다. 자신의 처지에 만족하지 못하면 늘 불행한 삶을 살게 됩니다. **오늘 이렇게** • 세계 곳곳의 집을 소개하는 책을 찾아 그곳에 사는 사람들을 살펴보세요.

3월 18

일은 언제 시작할까 생각하는 만큼 늦어진다.

토머스 칼라일
영국의 비평가, 역사가예요. 언론 자유를 위해 싸웠지요.
영국의 왕정을 폐지하자거나 종교로부터 교육을 완전히
독립시키자는 등의 시대를 앞선 주장을 했습니다.

고정욱의 한 마디 누구나 새로운 일 앞에선 망설이게 마련이에요. 힘이 들 거라는 생각에 두렵기 때문이지요. 하지만 눈 꼭 감고 시작하는 게 두려움과 어려움을 빨리 벗어나는 길입니다. **오늘 이렇게** • 이제까지 하지 않은 일을 하나하나 적어 보세요.

10월
14

고난의 시기에 동요하지 않는 것, 이것은 진정 칭찬받을 만한 뛰어난 인물이라는 증거다.

루트비히 판 베토벤
독일의 음악가예요. 청각 장애에도 불구하고
수많은 곡을 작곡해 '악성'이라 불립니다.

고정욱의 한 마디 — 입버릇처럼 "힘들다." "어렵다."고 하는 사람은 사람들로부터 존중받지 못합니다. 흔들리지 않고, 고난을 받아들이며, 자신이 할 일을 해낼 때 사람들은 그 사람을 존경합니다. **오늘 이렇게** • 베토벤에 관한 자료를 찾아 그가 어떻게 역경을 이겨 냈는지 확인해 보세요.

3월
19

자기 자신도 스스로 도전해 보기 전까지는 아무것도 알 수 없다.

랠프 월도 에머슨

미국의 작가이며, 사회사상가예요. 9세에 보스턴 라틴 학교에서 공식적인 학교 과정을 시작했어요. 14세에는 학교 직원들로 하여금 결석한 학생들을 직접 찾아가 그 결과를 교사들에게 알리도록 했지요. 상급생이 되면서 많은 책을 읽었고, '넓은 세상'이라는 저널을 썼어요. 동양 사상에 밝아 청교도의 기독교적 인생관을 비판했습니다.

고정욱의 한 마디 우리 안에 존재하는 힘은 아주 새로운 것이에요. 그래서 우리가 무엇을 할 수 있는지 아는 사람은 다른 누구도 아닌 자기 자신뿐이에요. 그런데 자신도 도전해 보기 전까지는 알 수가 없지요. **오늘 이렇게** • 새롭게 도전할 일들을 적어 보세요.

10월
13

고개 숙이지 말라.
세상을 정면으로 바라보라.

헬렌 켈러

미국의 작가이자 사회 복지 사업가예요. 19개월 되던 때 열병으로 시각과 청각을 잃었어요.
하지만 설리번 선생님을 만나 글을 익히고 말을 배웠지요.
어른이 되어서는 장애인 복지에 관심을 갖고 큰 공헌을 했습니다.

고정욱의 한 마디 고난에 굴하지 마십시오. 세상에 당당히 맞서야 합니다. 피하거나 숨으려 하지 마세요. 해결되지 않습니다. 당당히 맞서 싸울 때 비로소 세상은 나에게 자리를 내줍니다. **오늘 이렇게** • 어려움이 있다고 기죽지 말고, 당당하게 어깨를 펴세요.

3월 20

자신은 이 세상의 전부다. 왜냐하면 죽어 버리면 모든 것이 무가 되기 때문이다.

파스칼
프랑스의 수학자이며 물리학자예요. '파스칼의 원리'를 발견했고,
세무 공무원인 아버지를 위해 탁상형 계산기를 고안해 개발하기도 했습니다.

고정욱의 한 마디 세상을 살거나, 세상을 느끼는 건 다름 아닌 나입니다. 내가 없다면 그런 것들을 느끼거나 만질 수 없지요. 그렇기에 내가 가장 중요한 존재입니다. **오늘 이렇게** • 소중한 사람인 나를 양팔로 꼭 안아 주세요.

10월
12

바빌론의 웅장한 신전을 건축하는 일도 벽돌 한 장을 쌓는 일에서 비롯된다.

그라시안 이 모랄레스
스페인의 작가, 예수회 신부예요. 타라고나의 예수회 부속학교장을 역임했고,
프랑스 도덕주의자들의 선구가 되었어요. 대표 작품으로 《비평가》가 있습니다.

고정욱의 한 마디 "천릿길도 한 걸음부터."라는 말이 있습니다. 이렇게 차근차근 기초를 다져야만 큰 꿈을 이룰 수 있습니다. 여기서 기초란, 독서, 운동, 학습 그리고 인성 등입니다.
오늘 이렇게 • 바빌론 신전 자료를 찾아 자세히 살펴보세요.

3월
21

자신의 목표를 모두 달성한 사람은 목표를 너무 낮게 정한 사람이다.

헤르베르트 폰 카라얀

오스트리아의 지휘자예요. 35년 동안 베를린 필하모니 오케스트라를 지휘했지요.
서양 고전 음악 지휘자 중 가장 많은 지휘 음반을 냈습니다.

고정욱의 한 마디 목표를 이룬다는 것은 성장한다는 뜻이에요. 목표를 높게 잡으면 달성은 어렵지만 그만치 더 노력하고 애쓰면서 더 크게 이룰 수 있어요. **오늘 이렇게** 이루기 힘든 목표를 크게 써서 벽에 붙여 놓으세요.

10월 11

돈이란 바닷물과도 같다. 그것은 마시면 마실수록 목이 말라진다.

아르투어 쇼펜하우어
독일의 철학자예요. 타인의 고통에 대한 동정을 최고의 덕이자 윤리의 근본 원리로 보았습니다.

고정욱의 한 마디 돈 많은 사람은 모두 행복할까요? 그렇지 않습니다. 만족하지 못하고 더 많은 돈을 벌기 위해 남에게 피해를 주는 사람도 있습니다. 가진 것에 만족하며 삶을 즐기는, 행복한 사람이 됩시다. **오늘 이렇게** • 돈은 목적이 아니라, 내가 좋은 일을 하기 위한 수단이라는 걸 기억하세요.

3월 22

조금 배운 것은 위험한 것이다.

알렉산더 포프
영국의 시인이에요. 주로 독학으로 문학적 성공을 이루었지요.
무리하게 일해 결핵에 감염되고 척추가 휘어 키가 137센티미터였습니다.

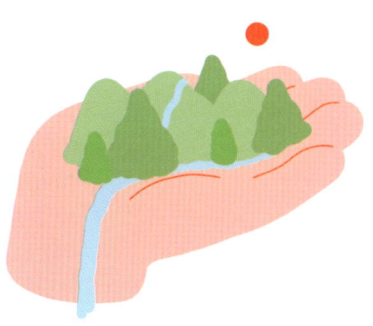

고정욱의 한 마디 지식의 길은 깊고도 멀어요. 어설프게 배우면 오히려 독이 될 수 있으니 수박 겉핥기처럼 공부하면 안 됩니다. **오늘 이렇게** • 평소에 잘 안 읽는 분야의 책을 한 권 골라 읽어 보세요.

10월 10

재산을 잃은 사람은 많이 잃은 것이고, 친구를 잃은 사람은 더 많이 잃은 것이며, 용기를 잃은 사람은 모든 것을 잃은 것이다.

미겔 데 세르반테스

스페인의 소설가, 극작가, 시인이에요. 가난한 가정 형편으로 학교 교육을 거의 받지 못했고, 해적에게 납치되는 등 소설 같은 삶을 살았어요. 풍자와 유머가 넘치고 자유분방한 공상을 펼치는 것이 특징이지요. 대표 작품으로 《돈키호테》, 《모범 소설집》이 있습니다.

고정욱의 한 마디 우리 삶에는 소중한 것들이 굉장히 많습니다. 재산이나 친구는 다시 모을 수 있고, 다시 만날 수 있습니다. 하지만 용기는 한번 꺾이면 돌이킬 수 없습니다. **오늘 이렇게** • 용기가 무엇인지 자료를 찾아 정리해 보세요.

3월 23

주위에 아직 남아 있는 아름다운 모든 것을 생각하고 즐거워하라.

안네 프랑크
나치가 통치하던 시절을 살다 간 유태인 소녀예요.
공장 뒷방에서 2년 동안 숨어 지내며 쓴 일기인 《안네의 일기》가
세계 각국의 언어로 소개되었습니다.

고정욱의 한 마디 나치의 탄압을 피해 숨어 지낸 안네는 살아서 누리는 모든 게 소중하고 감사한 것임을 알았어요. **오늘 이렇게** • 《안네의 일기》를 읽고 내가 안네였으면 어떻게 했을지 생각해 보세요.

10월
9

화가 날 때는 100까지 세라.
최악일 때는 욕설을 퍼부어라.

마크 트웨인
미국 문학의 아버지로 추앙받고 있는 소설가예요.
인종 차별과 제국주의를 비판했습니다.
대표 작품으로 《톰 소여의 모험》이 있습니다.

고정욱의 한 마디 잠깐만 흥분을 가라앉히고 나면 아무것도 아닌 일일 수도 있는데 화를 참지 못하면 폭력을 행사하게 됩니다. 시간을 벌고, 그래도 화가 나면 주먹 쓰는 대신 "임금님 귀는 당나귀 귀."라고 외치는 이발사처럼 아무도 없는 곳에 가서 화를 푸세요. **오늘 이렇게** • 화가 나면 숨을 크게 내쉬고, 또 내쉬세요.

3월
24

지나간 슬픔에
새 눈물을 낭비하지 마라.

에우리피데스
고대 그리스의 비극 시인이에요. 《트로이의 여인》, 《디오니소스의 여신자들》 등
많은 비극 작품을 썼지요. 인간 대 인간의 갈등에 관심을 가졌고,
고뇌하는 인간을 묘사하지만 교훈과 위안을 시도하지 않았습니다.

고정욱의 한 마디 슬픔은 견디기 힘들어요. 하지만 지나갔다면 떨치고 일어나야 합니다. 계속 과거의 슬픔에 빠져 새로운 나날들을 망쳐서는 안 되니까요. **오늘 이렇게** · 슬펐던 기억을 떠올려 적은 다음 줄을 그어 하나하나 지우세요.

10월
8

중요한 것은 당신이 어디서 왔느냐가 아니라, 어디로 가고 있느냐다.

엘라 피츠제럴드
미국의 3대 재즈 가수예요. 3옥타브를 넘나드는
가창력으로 재즈의 여왕이라 불렸습니다.

`고정욱의 한 마디` 금메달 딴 사람들의 이야기를 들어 보면 행복은 그때뿐이라고 합니다. 오히려 금메달을 따기 위해 노력하는 과정이 행복했다고 합니다. 우리의 삶은 목표를 향해 노력할 때 더 행복한 것입니다. **오늘 이렇게** • 나는 지금 어디로 가고 있는지 잘 생각해 보세요.

3월 25

질병과 슬픔이 있는 세상에서 우리를 강하게 만드는 건 웃음과 유머뿐이다.

찰스 디킨스
영국의 작가예요. 너무나 가난해서 학교를 그만두고 구두약 공장에서 일하며
사회의 그늘을 보게 되었지만, 작품 속에서는 늘 희망을 얘기하고 있어요.
《올리버 트위스트》와 《크리스마스 캐럴》 등을 썼습니다.

고정욱의 한 마디 아무리 힘든 상황에서도 견뎌 낼 힘이 있는 건 유머와 웃음을 지닌 인간뿐이에요. 웃으면 마음이 밝아지기 때문이지요. **오늘 이렇게 •** 재미있는 개그로 친구나 가족들을 웃게 해 주세요.

10월 7

모든 것은 타인의 행복을 위해서, 동시에 특히 나의 행복을 위해서다.

레프 니콜라예비치 톨스토이
러시아의 작가예요. 개혁가이며, 사상가이기도 해요.
《전쟁과 평화》, 《안나 카레니나》 같은 작품을 남겼습니다.

고정욱의 한 마디 가만히 있는 것은 아무런 도움이 안 됩니다. 내가 뭔가를 한다면 그것은 나에게도 도움이 되지만 남에게도 도움이 됩니다. 나의 방을 깨끗이 정리하면 나도 기분이 좋지만 온 집안이 화목해질 수도 있는 것이지요. **오늘 이렇게** • 누군가에게 도움이 되는 작은 일이라도 하세요.

3월 26

책 없는 방은 영혼 없는 육체와 같다.

마르쿠스 툴리우스 키케로
고대 로마의 정치가이며, 웅변가예요. 수사법과 웅변에 관한 책을 많이 펴냈지요.
철학사에서 그리스 사상의 전달자로서 중요하게 평가되고 있습니다.

고정욱의 한 마디 책은 마음의 양식이에요. 사람이 머무는 방에는 책이 꼭 있어야 언제든 마음의 양식을 취할 수 있지요. **오늘 이렇게** • 내 방의 책들을 깔끔하게 정리해 보세요.

10월
6

큰 소리로 칭찬하고
작은 소리로 비난하라.

러시아 속담

고정욱의 한 마디 누군가를 칭찬하는 것은 그 사람을 인정한다는 뜻입니다. 내가 칭찬받고 싶으면 열심히 남을 칭찬하면 됩니다. 모두 신이 날 겁니다. **오늘 이렇게** • 만나는 모든 사람에게 사소한 거라도 칭찬해 주세요.

3월
27

책은 세계의 보물이며, 후세와 국민들이 상속받기 알맞은 재산이다.

헨리 데이비드 소로
미국의 철학자이며, 사상가이고, 수필가예요.
재물을 탐하지 않고 국가에 항거한 삶으로
많은 사람들에게 선한 영향력을 미쳤습니다.

고정욱의 한 마디 책 한 권을 읽으면 한 사람의 생각과 삶을 배울 수 있어요. 그들의 삶을 통해 실패나 실수를 거듭하지 않을 수도 있고요. 책은 한마디로 인류 발전에 가장 소중한 자산이지요. **오늘 이렇게** • 내가 가장 좋아하는 책을 친구에게 빌려 주세요.

10월

5

눈물 젖은 빵을 먹어 보지 않은 자는 인생의 참다운 맛을 모른다.

요한 볼프강 폰 괴테
독일의 시인, 극작가, 정치가, 과학자예요. 또한 세계적인 문학가이며,
자연 연구가이기도 해요. 바이마르 공화국의 재상을 지냈어요.
대표 작품으로 《파우스트》가 있습니다.

고정욱의 한 마디 우리가 편히 살 수 있는 것은 아빠, 엄마가 열심히 일해서 돈을 벌어 오기 때문입니다. 돈을 버는 것은 힘든 일입니다. 항상 감사하면서 나의 삶을 유지하기 위해 최선을 다해야 합니다. **오늘 이렇게** • 저녁 먹을 때 아빠, 엄마 이야기에 귀를 기울여 보세요.

3월
28

책은 영혼의 거울이다.

버지니아 울프
영국의 현대 소설 작가이며, 비평가예요.
지식인 여성으로서의 자기 모습을 발견하고
남성 중심의 편견들에 맞서 싸우며 독창적인 소설을 만들어 냈습니다.

고정욱의 한 마디 책을 읽으면 정서나 사상 혹은 영혼이 길러져요. 선인들의 삶과 경험이 녹아 있기 때문이에요. 책을 통해 나를 비춰 보고 반성하거나 격려를 받을 수 있어요. **오늘 이렇게** • 독서 감상문 한 편을 만화로 그려 보세요.

10월 4

사람은 가는 곳마다 보는 것마다 모두 스승으로서 배울 것이 많은 법이다.

맹자
중국 전국 시대의 유교 사상가예요.
공자의 사상을 발전시켜 후세에 유학을 전했습니다.

고정욱의 한 마디 배움에는 끝이 없습니다. 하늘을 나는 새나 땅의 짐승들에게도 배울 점이 있습니다. 배우려는 눈만 있다면 가능한 일입니다. **오늘 이렇게** • 배울 점이 있는 친구를 찾아보세요.

3월 29

최악의 지도자는 잘못된 결정을 하는 사람이 아니라, 아무 결정도 하지 않는 사람이다.

니콜로 마키아벨리
이탈리아의 정치 사상가, 외교가, 역사학자예요.
《군주론》이라는 책에서 인간에 대한 생각을 정치학으로 정리했습니다.

고정욱의 한 마디 지도자는 자신이 이끄는 집단을 어떤 방향으로 나아가도록 이끄는 사람이에요. 잘못된 결정이라도 해야 사람들이 논쟁하고 사회가 올바른 방향으로 나아갈 수 있어요. 아무 결정도 하지 않으면 아무 일도 일어나지 않으니 세상은 제자리걸음을 하겠지요. **오늘 이렇게 ▪** 잘못될까 두려워 망설이던 일이 있으면 과감히 도전해 보세요.

10월 3

노동 뒤의 휴식이야말로 가장 편안하고 순수한 기쁨이다.

이마누엘 칸트
독일의 근대 철학자예요.
독일 관념론의 철학적 기초를 완성했습니다.

고정욱의 한 마디 가끔은 나의 마음을 비워 줘야 합니다. 휴식도 필요하고 여유도 필요합니다. 여백이 있어야 다시 채울 수 있기 때문입니다. 가끔은 놀고 쉬면서 마음의 여유를 가져 봅시다. **오늘 이렇게** • 하루를 열심히 보내고 저녁에는 푹 쉬세요.

3월

30

하루라도 책을 읽지 않으면 입안에 가시가 돋친다.

안중근
구한말의 독립운동가예요. 하얼빈에서 이토 히로부미를 저격했지요.
의거 후 사형을 언도받아 1910년 뤼순 감옥에서 순국했습니다.

고정욱의 한 마디 독서는 습관입니다. 책을 읽는 행위는 결코 쉬운 일이 아니지요. 의지를 가지고 집중해야 하기 때문입니다. 오래도록 책을 읽기 위해 책 읽는 습관을 들여야 해요. **오늘 이렇게** • 책꽂이에 꽂힌 책 가운데 아무거나 한 권 뽑아 읽기 시작하세요.

10월 2

나는 누구인가 스스로 물으라.

법정스님
우리나라 승려, 수필 작가예요.
산문집 《무소유》 등 30여 권의 책을 냈습니다.

고정욱의 한마디 이 세상은 내가 모르는 것 천지입니다. 끊임없이 궁금한 걸 물어보고 끊임없이 내가 갈 길을 알아보는 자세를 가지세요. 질문은 부끄러운 것이 아닙니다. **오늘 이렇게** • 좋아하는 것은 무엇인지, 힘든 일은 없는지 등 스스로에게 물어보고 답을 적어 두세요.

3월

31

인내는 쓰다.
그러나 그 열매는 달다.

루소
프랑스의 사상가이자, 작가예요.
평등을 위해 인간은 자연으로 돌아가라고 외쳤습니다.

고정욱의 한 마디 힘든 일을 참고 견디는 것은 고통스럽습니다. 그러나 목표가 있고 꿈이 있는 사람은 참고 견딥니다. 언젠간 그것을 이루기 때문입니다. 이루었을 때 돌아오는 보상은 너무나도 달콤하고 소중합니다. **오늘 이렇게** • 꼭 이루고 싶은 일을 생각해 보세요. 그리고 그것을 이룬 자신의 모습을 그림으로 그려 보세요.

10월 1

피할 수 없으면 즐겨라!

로버트 엘리엇
미국 심장 전문 의사예요.
《스트레스에서 건강으로》에 나오는 말입니다.

고정욱의 한마디 매사를 긍정적으로 받아들여 삶의 고통을 줄이고, 적극적으로 사는 것이 좋습니다. 피할 수 없는 상황을 피하려고 하면 더 괴롭습니다. 어두운 일들이 생기면 발전을 위한 시련으로 받아들여야 합니다. 이것이 나의 행복을 지키는 길입니다. **오늘 이렇게** • 문제를 도전 과제로 생각하고, 꼭 이길 것이라 생각해 보세요.

4월

10월

4월

1

한 번도 실수한 적이 없는 사람은 한 번도 새로운 것에 도전해 본 적이 없는 사람이다.

알베르트 아인슈타인
독일 출신 미국 물리학자예요.
시간과 공간이 하나로 결합된 '시공간'이라는 개념을 만들어 냈으며,
일반 상대성 이론을 연구했습니다.

고정욱의 한 마디 도전은 누구에게나 어려운 일이에요. 새로운 일을 하려면 익숙했던 방식을 바꾸는 것부터 해야 하니까요. 그렇게 하려면 많은 실수를 하게 되지요. 하지만 실수를 거듭하다 보면 자신만의 성공을 이룰 수 있게 됩니다. **오늘 이렇게** • 새로운 일을 하나 해 보세요. 입도 대지 않던 나물 반찬을 먹는 것처럼, 거창한 일이 아니어도 괜찮아요.

9월 30

늙고 젊은 것은
그 사람의 신념이
늙었느냐 젊었느냐 하는 데 있다.

더글러스 맥아더
미국의 군인이며, 정치가예요.
한국 전쟁에서 인천 상륙 작전을 감행해 전세를 바꾼 것으로 유명합니다.

고정욱의 한 마디 나이는 숫자에 불과합니다. 젊은 사람이지만 엄청난 열망을 가진 사람도 있고, 늙었지만 철없는 사람도 있습니다. 중요한 것은 그 사람이 어떤 꿈을 가지고 어떤 믿음으로 도전하고 노력하느냐에 달린 것이지요. **오늘 이렇게** • 나이 들어서도 가질 수 있는 능력을 찾아보세요.

4월 2

한 손은 너 자신을 돕는 손이고, 다른 한 손은 다른 사람을 돕는 손이다.

오드리 햅번

영국의 배우이자, 자선가였어요. 패션의 아이콘이기도 했지요.
노년에는 삶의 대부분을 유니세프에 헌신해
아프리카, 남아메리카, 아시아의 가난한 사람들을 위해 일했습니다.

고정욱의 한 마디 세상은 혼자 살 수 없는 곳이에요. 서로 연결되어 있고 영향을 주고받기 때문이지요. 그렇기에 서로서로 남을 돕다 보면 결국 나를 돕는 일이 되지요. **오늘 이렇게** 주변을 둘러보고 도움이 필요한 사람을 찾아 손을 내미세요.

9월 29

기회를 기다리는 사람이 되기 전에 기회를 얻을 수 있는 실력을 갖춰야 한다.

안창호
일제 강점기에 활동한 독립운동가로, 호는 도산이에요.
신민회를 조직해 운동하다 1913년 샌프란시스코에서 흥사단을 만들었습니다.

고정욱의 한 마디 사람들은 큰돈을 투자할 때 아무에게나 주지 않습니다. 사업을 잘할 수 있는 능력을 가진 사람에게 투자하지요. 그렇기에 기회는 능력과 실력 있는 사람에게 찾아가게 되어 있습니다. 내가 하는 일을 더 열심히 해야 하는 이유입니다. **오늘 이렇게** 나의 실력을 갈고닦으세요.

4월

3

항상 생각과 말과 행동이 완전한 조화를 이루도록 하라.

마하트마 간디
인도의 정신적·정치적 지도자예요.
'마하트마'라는 이름은 위대한 영혼이라는 뜻이지요.
영국 유학을 다녀와 식민지였던 인도의 독립 운동을 이끌었습니다.

고정욱의 한 마디 거짓은 생각과 말, 말과 행동, 혹은 생각과 행동이 일치하지 않을 때 생겨납니다. 진실한 사람이 되려면 이 세 가지가 통일되어야 해요. **오늘 이렇게** • 요즘 한 거짓말 가운데 가장 큰 거짓말과 작은 거짓말을 꼽아 적어 보세요.

9월
28

마음만 가지고 있어서는 안 된다. 반드시 실천해야 한다.

브루스 리
홍콩 출신 액션 영화배우예요.
자신이 만든 영화의 시나리오를 쓰고, 감독까지 하기도 했습니다.

고정욱의 한 마디 부뚜막에 소금이 있습니다. 보고만 있어서는 절대 음식 간이 맞지 않습니다. 소금을 알맞게 집어넣어야 합니다. 마찬가지로 마음만 가지고는 무엇도 이룰 수 없습니다. 실천하고 노력해야 합니다. **오늘 이렇게** • 마음속에 있는 할 일을 꺼내 실천에 옮기세요.

4월

4

행동은 모든 성공의 기반이다.

파블로 피카소

스페인의 화가, 작가예요. 입체파 미술의 창시자로, 단일 시점과 원근법을 무시하고
한 화면에 입체를 표현한 작품으로 역사를 바꿨어요.
조각, 도자기, 판화 작품까지 5만여 점의 작품을 남겼습니다.

고정욱의 한 마디 말로만 떠들고, 생각만 해선 아무 일도 일어나지 않아요. 생각과 말은 행동과 실천으로 나아가야 뭔가 이룰 수 있지요. **오늘 이렇게** • 행동하기 위해선 건강한 체력이 필요해요! 오늘은 꼭 운동을 합니다.

9월 27

화려한 일을 추구하지 말라.
중요한 것은 스스로의 재능이며,
자신의 행동에 쏟아붓는
사랑의 정도다.

마더 테레사

세상을 떠난 뒤, 교황 요한 바오로 2세에게 '콜카타의 복녀 테레사'라는 호칭을 받은 수녀예요.
평생을 인도의 가난한 사람, 죽어 가는 사람을 위해 봉사하며 살았습니다.

고정욱의 한 마디 예쁜 옷, 멋진 신발을 좋아하는 친구들이 있습니다. 하지만 그런 물건도 언젠가는 낡습니다. 낡지 않고 오래도록 남아 있는 것은 나의 재능입니다. 노력과 나의 능력이 최고의 보석이고, 가장 화려한 것이라는 사실을 잊지 마세요. **오늘 이렇게** 나는 내가 하는 행동을 얼마나 사랑하는지 1점부터 10점까지 점수를 매겨 보세요.

4월

5

행복의 비결은
포기해야 할 것을 포기하는 것이다.

앤드루 카네기

미국 철강 산업의 핵심 인물이자 최고의 자선 사업가였어요.
철과 강철의 수요를 예견해 세계적인 부호가 된 뒤 은퇴해서
자선 사업에 온 힘을 기울였습니다.

고정욱의 한 마디 행복은 만족이에요. 만족하려면 욕심을 버려야 해요. 버릴 것을 버리고 더 이상 욕심을 부리지 않으면 행복해질 수 있다는 뜻이에요. **오늘 이렇게** 방 청소를 하면서 1년 동안 쓰지 않은 물건들을 버리세요.

9월

26

달걀을 깨지 않고는 오믈렛을 만들 수 없다.

미국 속담

고정욱의 한 마디 참고 기다리면 기회는 옵니다. 세상이 변하기 때문입니다. 그 기회를 잡으려면 내가 나의 한계를 깨고 일어서야 합니다. 변화를 두려워하지 말고 가슴속에 꿈을 보석처럼 늘 간직하고 있어야 합니다. **오늘 이렇게** • 새로운 일이 생겨도 두려워하지 마세요.

4월
6

혼자 꾸는 꿈은 그저 꿈에 지나지 않는다. 하지만 함께 꾸는 꿈은 현실이다.

존 레넌
전설적인 록그룹 비틀스의 리더예요.
작사 작곡가이면서 그래픽 아티스트이고, 솔로 가수입니다.
아내인 오노 요코와 함께 음반 및 예술 기획 작업도 했습니다.

고정욱의 한 마디 원대한 꿈은 혼자만의 노력으로는 이루기 힘들어요. 여럿이 힘을 합쳐 함께 노력하면 그 꿈이 현실이 될 수 있어요. **오늘 이렇게** • 내가 하려는 일에 어떤 도움이 필요한지 생각해 보고, 주변에서 도움 줄 사람을 찾아보세요.

9월 25

삶은 소유물이 아니라, 순간순간의 이어짐이다.

법정스님
우리나라 승려, 수필 작가예요.
산문집 《무소유》 등 30여 권의 책을 냈습니다.

고정욱의 한 마디 ▶ 긴 하루도 쪼개 놓고 보면 1분 1초가 합쳐진 것입니다. 그 1분 1초를 소중하게 여겨야 합니다. 그것이 쌓여서 하루가 되고 1년이 되고 평생이 되기 때문이지요.
오늘 이렇게 ▪ 어제와 오늘, 그리고 내일로 이어지는 내 삶을 정리해 보세요.

4월

7

훌륭한 행동이 훌륭한 말보다 낫다.

벤저민 프랭클린

미국의 정치가, 사상가, 발명가이면서 과학자예요.
미국 독립선언서 작성에 참여하여 '미국 건국의 아버지'로 불립니다.

`고정욱의 한 마디` 말을 훌륭하게 하는 것도 쉬운 일은 아니에요. 그렇지만 말은 어디까지나 말일 뿐이에요. 행동이 따라 줘야 말이 빛을 발하는 법이에요. **오늘 이렇게** 말보다는 행동을 먼저 하는 하루를 보내세요.

9월 24

고통이 남기고 간 뒤를 보라! 고난이 지나면 반드시 기쁨이 스며든다.

요한 볼프강 폰 괴테

독일의 시인, 극작가, 정치가, 과학자예요. 또한 세계적인 문학가이며, 자연 연구가이기도 해요. 바이마르 공화국의 재상을 지냈어요. 대표 작품으로 《파우스트》가 있습니다.

고정욱의 한마디 이 세상에 영원히 계속되는 것은 없습니다. 폭설도 그치고 폭염도 언젠간 끝이 납니다. 그런 뒤에는 견뎌 낸 사람들만이 기쁨을 맛봅니다. 고난과 어려움을 견뎌 내는 사람이 되어서 언젠가 그 뒤에 올 기쁨과 행복을 누리세요. **오늘 이렇게** • 아팠을 때, 아픈 뒤에 어떤 일들이 있었는지 떠올려 보세요.

4월 8

가라앉으면 엉터리 목공이 만든 고물 배요, 가라앉지 않으면 선주의 자랑스러운 배다.

동아프리카 속담

고정욱의 한 마디 무슨 일이든 결과가 말해 준다는 뜻이에요. 거창한 말이나 그럴싸한 겉모양으로는 실제 능력을 판단할 수 없다는 것이지요. **오늘 이렇게** • 부모님이 기뻐하실 일을 하나 해서 진짜 효도하세요.

9월
23

이 길은 그대만의 길이요, 그대 혼자 가야 할 길임을 명심하라.

인디언 속담

고정욱의 한 마디 부모님이 영원히 나를 도와주거나 보살펴 줄 수 없습니다. 나중에 자식들이 나를 돌봐 줄 수도 없습니다. 가장 중요한 것은 내가 나 자신을 지키는 것입니다. 내 삶의 주인공은 결국 나이기 때문입니다. 그러니 더욱더 자신만만하게 자유롭게 살아야 합니다. **오늘 이렇게** • 나 스스로 할 수 있는 일들을 찾아서 적어 놓으세요.

4월

9

가장 아름다운 꽃이 향기가 가장 좋은 것은 아니다.

서양 속담

고정욱의 한 마디 꽃도 저마다 개성이 있듯 사람도 외모부터 키, 성격, 취미 등 다양한 개성이 있어요. 겉으로 드러난 모습만으로 모든 걸 평가할 수는 없지요. **오늘 이렇게** 나의 장점을 적어 보세요.

9월

22

1퍼센트의 가능성, 그것이 나의 길이다.

나폴레옹 1세

프랑스의 시골 귀족 출신으로 혁명의 어지러운 시절에
뛰어난 군사적 능력을 발휘해 프랑스를 강대국으로 만든 인물입니다.
유럽을 손아귀에 쥐고 황제까지 되었습니다.

`고정욱의 한 마디` 지금 당장은 불가능해 보이는 일이 있습니다. 하지만 시간이 지나고 노력을 더한다면 어느새 불가능이 가능으로 바뀔 수도 있습니다. 그렇기에 1퍼센트의 가능성은 굉장히 소중한 가능성이랍니다. **오늘 이렇게** • 작은 가능성도 긍정적으로 들여다보는 하루를 보내세요.

4월

10

건강을 지닌 사람은
희망을 가지고 있지만,
희망을 가진 사람은
모든 것을 가지고 있다.

아라비아 속담

고정욱의 한마디 한마디로 건강이 최고라는 거예요. 적당한 운동을 하면서 음식을 고르게 먹고, 올바른 마음가짐을 갖는 것이 중요해요. **오늘 이렇게** • 오늘 하루 패스트푸드나 편의점 음식을 먹지 말고, 집밥을 골고루 먹어 보아요.

9월

21

자부심을 갖고 있는 것에 대해선 양보하지 마라. 그것이 오히려 나라는 자신의 가치를 높여 줄 것이다.

에릭 시겔
미국의 예측 분석과 데이터 과학 분야의 전문가예요.
수많은 기업에 데이터 분석 자료를 제공했습니다.

고정욱의 한 마디 미용사의 꿈을 가지고 있다고 부끄러워하는 아이가 있었습니다. 하지만 그럴 필요 없습니다. 남의 머리를 아름답게 다듬어 주는 것도 소중한 일입니다. 자부심을 가지고 당당하게 어깨를 펴세요. **오늘 이렇게** • 내가 자부심을 갖는 일을 세 가지 적어 보세요.

4월

11

굳은 결심으로 일을 감행하는 과정에서 용기가 커지고, 망설이는 가운데에서 두려움이 커지는 법이다.

라틴 격언

고정욱의 한 마디 해야 할 일이라면 실패를 생각하지 말고 과감하게 도전해야 해요. 조금이라도 머뭇거리면 그만치 자신의 에너지가 약해지니까요. **오늘 이렇게** • 가장 하기 싫어 미뤄 둔 일을 찾아내 오늘 과감히 돌파하세요.

9월
20

일하는 시간과 노는 시간을 뚜렷이 구분하라.

루이자 메이 올컷
미국의 소설가예요. 대표 작품으로 《작은 아씨들》이 있습니다.

고정욱의 한 마디 일만 할 수는 없습니다. 휴식도 필요합니다. 하지만 그 휴식은 어디까지나 나의 활동과 삶을 위해 필요한 것이지요. 이 두 가지를 뒤섞어서 일하는지 노는지 알 수 없게 되어선 곤란합니다. **오늘 이렇게** • 30분 열심히 공부하고 난 뒤에 10분 동안 스트레칭하세요.

4월 12

생쥐는 결코 단 하나의 구멍에 자신의 운명을 걸지 않는다.

라틴 격언

고정욱의 한 마디 ▸ 살다 보면 생각지도 못한 일들이 벌어지곤 해요. 그래서 적절한 대비책을 만들어 두어야 하지요. 플랜 A, 플랜 B, 플랜 C……. 이렇게 하다 보면 해결책이 보일 것입니다. **오늘 이렇게** • 한 가지 계획을 세우고, 계획을 이루기 위한 방법을 여러 가지 짜 보세요.

9월

19

믿음은 생각이 된다. 생각은 말이 된다. 말은 행동이 된다. 행동은 습관이 된다. 습관은 가치가 된다. 가치는 운명이 된다.

마하트마 간디
인도의 민족 운동 지도자, 건국의 아버지예요. 1차 세계 대전 후 영국에 대해 반대하는 운동과 비협력 운동 등의 비폭력 저항을 전개했습니다.

고정욱의 한 마디 반려견을 천재견이라고 믿고 훈련시키면 정말 천재견이 됩니다. 믿는 대로 이루어지기 때문입니다. 나 자신도 훌륭한 사람이 될 수 있다고 믿어야 합니다. 나부터 믿어야 사람들도 믿어 줄 것이기 때문입니다. **오늘 이렇게** • '가치'와 '운명'에 관한 자료를 찾아 정리해 보세요.

4월
13

아무리 작은 일이라도
하지 않으면 이루지 못하고,
아무리 어진 자식이라도
가르치지 않으면 현명하지 못하다.

서양 격언

고정욱의 한 마디 실천의 중요성을 말하는 거예요. 무슨 일이든 시도해야 하고, 어질게 태어나도 꾸준히 배우지 않으면 지혜롭게 자라지 못하지요. **오늘 이렇게** • 물건 제자리에 놓기, 게임 시간 줄이기, 숙제 먼저 하고 놀기 등 작은 일부터 실천하세요.

9월

18

평생 살 것처럼 꿈을 꾸어라.
그리고 내일 죽을 것처럼
오늘을 살아라.

제임스 딘
미국의 배우예요. 청바지와 스포츠카로 대표되는 이미지로
청소년기의 반항을 상징합니다.

고정욱의 한 마디 오늘이 마지막 날이라고 생각해 보세요. 얼마나 소중하겠어요. 하루하루를 마지막 날이라 생각하고 소중히 여기는 마음으로 산다면, 그 사람의 삶은 참으로 빛나는 것이 됩니다. **오늘 이렇게** • 오늘이 마지막 날이라면 나는 무엇을 할지, 세 가지만 적어 보세요.

4월
14

어린이에게 가르치는 것은
돌에 새기는 것과 같고,
어른에게 가르치는 것은
바다에 파도를 일으키는 것과 같다.

아랍 속담

고정욱의 한 마디 어린 시절에 경험하고 배우는 것이 평생을 간다고 해요. 어른이 되면 새로운 것을 배우거나 공부하기 어렵답니다. **오늘 이렇게** • 새로운 책 한 권을 맛있게 읽어 보세요.

9월

17

한번 엎질러진 물은 다시 주워 담을 수 없다.

강태공
중국 주나라의 정치가예요. 무왕을 도와 은나라를 멸망시켜 천하를 평정했고,
제나라 시조가 되었습니다.

고정욱의 한마디 ▶ 지나간 일은 아무리 노력해도 되돌릴 수 없습니다. 후회하지 말고 다음에 같은 일을 저지르지 않도록 반성하는 자세가 중요합니다. **오늘 이렇게** ● 실수한 경험을 떠올려 보고 왜 그랬는지 들여다보세요.

4월

15

오늘이라는 날은 지금부터의 인생에 있어서 첫날이다.

서양 속담

고정욱의 한 마디 어제까지 부족한 사람이었어도 괜찮아요. 실수가 있었어도 상관없어요. 지금부터 각오를 다져 잘하면 되거든요. **오늘 이렇게** • 올해의 각오를 글로 써 보세요. 오늘은 새날이 시작되는 날이니까요.

9월

16

성공의 비결은 단 한 가지, 잘할 수 있는 일에 광적으로 집중하는 것이다.

톰 모너핸
도미노 피자의 창업자예요.
잘하는 일에 집중하는 사람으로 유명합니다.

고정욱의 한 마디 선택과 집중이라는 말이 있습니다. 이 세상에 수없이 많은 일 가운데 내가 잘할 수 있는 것 하나를 골라서 모든 힘을 쏟으라는 뜻입니다. 그럴 때 남들보다 더 뛰어난 능력을 발휘하고 더 앞서갈 수 있습니다. **오늘 이렇게** • 눈을 감고 5분 동안 내 안을 들여다보세요.

4월 16

위인이 될 수 있는 것은 많은 사상을 가진 자가 아니라, 하나의 확신을 가진 자다.

서양 속담

고정욱의 한 마디   옛말에 '정신일도 하사불성'이라는 말이 있어요. 정신을 하나로 모으면 어떤 것도 이룰 수 있다는 뜻이지요. **오늘 이렇게** • "나는 할 수 있다."라고 크게 세 번 외치세요.

9월

15

습관은 제2의 천성이다.

미셸 에켐 드 몽테뉴
프랑스의 사상가, 철학자, 문학자예요.
삶을 철학의 대상으로 삼아 생각하고 글을 썼습니다.
대표 작품으로 《수상록》이 있습니다.

고정욱의 한 마디 똑같은 일을 반복하는 걸 습관이라고 합니다. 습관이 쌓여서 나의 삶을 만듭니다. 행복하고 긍정적인 활동과 생각을 하면, 그것이 쌓여서 행복하고, 활동적이며, 낙관적인 삶이 됩니다. **오늘 이렇게** • 나의 습관들을 쭉 적은 다음 나쁜 습관들을 지우세요.

4월
17

인간은 자기 의지로
크게도 되고, 작게도 된다.

서양 격언

고정욱의 한마디 "하늘은 스스로 돕는 자를 돕는다."는 말이 있어요. 나의 꿈은 스스로 노력해서 성취해야지 남이 해 주는 게 아니라는 뜻이지요. **오늘 이렇게** • 스스로 할 수 있는 일들을 찾아 적어 보세요.

9월
14

부지런한 벌은 슬퍼하지 않는다.

속담

고정욱의 한 마디 똑같은 장난감을 만들어도 탄탄하게 조립하는 사람이 있고, 엉성하게 하는 사람이 있습니다. 꿈도 마찬가지입니다. 하루하루를 탄탄하게 실천하는 사람과, 하는 척하는 사람의 삶은 다릅니다. **오늘 이렇게** • 주변에서 부지런한 사람을 찾아 자세히 관찰해 보세요.

4월
18

자신을 이기는 사람이야말로 진정 강한 사람이다.

동양 격언

> **고정욱의 한 마디** 내가 꿈을 이루는 데 가장 큰 훼방꾼은 나 자신입니다. 게임 하고 싶고 놀고 싶은 마음을 이겨 내야만 나는 더 멋진 곳으로 나아갈 수 있습니다. **오늘 이렇게** • 그동안 하려고 했던 일을 못 하게 한 훼방꾼들을 적어 보세요.

9월

13

오랫동안 꿈을 그리는 사람은 마침내 그 꿈을 닮아 간다.

앙드레 말로

프랑스의 소설가, 정치가예요. 전체주의가 대두하자 앙드레 지드 등과 반파시즘 운동에
참여했어요. 샤를 드골 정권에서 문화부 장관을 지내기도 했지요.
대표 작품으로 《인간의 조건》, 《정복자》가 있습니다.

고정욱의 한 마디 ● 해바라기는 해가 떠서 흘러가는 쪽으로 고개를 돌립니다. 조금이라도 많은 햇살을 받아야 풍성한 열매를 맺기 때문입니다. 우리가 꿈을 바라보는 것도 해바라기처럼 해야 합니다. 항상 꿈을 잊지 않고 생각한다면 언젠가 그 꿈이 이루어질 것입니다. **오늘 이렇게** ● 내 꿈을 떠올리면서 해바라기를 그림으로 그려 보세요.

4월

19

현명한 사람은 어리석은 사람한테서도 배울 것이 있지만, 어리석은 사람은 지혜로운 사람한테서도 배울 것을 취하지 못한다.

서양 격언

고정욱의 한 마디 물도 뱀이 먹으면 독이 되지만 젖소가 먹으면 우유가 되지요. 내가 배울 자세만 있다면 무엇이든 나의 것으로 만들 수가 있다는 뜻이에요. **오늘 이렇게 ·** 주변 사람들을 둘러보고 어떤 배울 점이 있는지 찾아보세요.

9월

12

계단을 밟아야 계단 위에 올라설 수 있다.

터키 속담

고정욱의 한 마디 계단 한 칸은 누구나 올라갈 수 있습니다. 높지 않기 때문입니다. 하지만 그 계단 한 칸을 딛고 올라가야 다음 칸에 올라갑니다. 노력에 노력을 더해야 꿈을 이룰 수 있다는 뜻입니다. **오늘 이렇게** • 날마다 꾸준히 해야 하는 것을 적어, 벽에 붙여 놓고 빠뜨리지 말고 해내세요.

4월
20

게으른 사람의 머리는 악마의 일터다.

영국 속담

고정욱의 한 마디 몸도 머리도 부지런히 움직여야 세상에 이로운 사람이 된다는 뜻이에요. 게으르면 남에게 피해를 주고 결국은 자신도 망치게 되거든요. **오늘 이렇게** 앞으로 10분 일찍 일어나세요.

9월
11

당신 삶의 주인공은 당신이다. 그 사실을 잊지 마라.

바바라 홀
미국의 텔레비전 작가, 프로듀서, 청소년 소설가예요.
법률 드라마, 판타지 가족 드라마, 정치 드라마 등을
제작한 것으로 유명합니다.

고정욱의 한 마디 내 삶은 내가 살아갈 나의 것이에요. 아무도 대신해 줄 수 없지요. 내가 만들고, 가꾸어 갈 삶이지요. 함께하는 사람들도 있겠지만 내가 없다면 그들도 아무 의미가 없습니다. **오늘 이렇게** • 내 삶의 주인공의 현재 모습을 그림으로 그려 보세요.

4월 21

나이 들어 따뜻하게 지내고 싶으면 젊은 시절에 난로를 만들어 놓아야 한다.

독일 속담

고정욱의 한 마디 ● 나이가 들수록 기력이 떨어져요. 그러니 힘을 많이 쓸 수 있는 젊은 시절에 열심히 노력해서 쌓아 놓아야 늙은 뒤에 편안하게 지낼 수 있다는 뜻이에요. **오늘 이렇게** ● 나의 미래를 위해 하루 동안 무엇을 했는지 저녁마다 세 가지씩 적어 보세요.

9월 10

단순하게 살아라. 현대인은 쓸데없는 절차와 일 때문에 얼마나 복잡한 삶을 살아가는가?

이드리스 샤

인도의 작가, 사상가, 수피교의 교사예요. 심리학과 영성을 비롯해 여행기와 문화 연구에 이르기까지 다양한 주제에 대한 책들을 썼습니다.

고정욱의 한 마디 10년 전 일을 돌이켜 봤을 때 기억나는 것이 별로 없다면, 복잡하고 쓸데없는 일에 시간을 많이 썼다는 뜻입니다. 목표를 향해서 우직하게 나아가는 삶을 살아야 합니다. 자잘한 것들에 마음이 흔들려선 안 됩니다. **오늘 이렇게** • 어제 하루 일을 모두 정리하고 쓸데없는 일들은 지워 보세요.

4월
22

매일이 당신의 마지막 날이라고 생각하라. 매일이 당신의 최초의 날이라고 생각하라.

유태 격언

고정욱의 한 마디 마지막이라면 못 한 일을 마무리하겠다는 생각이 더 강해져요. 첫날이라면 새로운 마음으로 활기차게 출발할 수 있지요. 그리고 오늘 하루는 지나가면 다시 오지 않습니다. **오늘 이렇게** • 마지막 날이라면 나는 무엇을 할지 적어 보세요.

9월

9

구하라, 그러면 너희에게 주실 것이요. 찾으라. 그러면 찾을 것이요, 문을 두드리라. 그러면 너희에게 열릴 것이니.

성경

고정욱의 한 마디 꿈을 이루려면 먼저 꿈을 정해야 합니다. 그리고 내가 바라는 것이 있으면 그걸 이루려 노력해야 합니다. 노력하면 반드시 보상이 따릅니다. **오늘 이렇게** • 나의 노력으로 얻어진 것들을 쭉 적어 보세요.

4월 23

한 번에 바다를 만들려고 해서는 안 된다. 우선 냇물부터 만들어야 한다.

유태 격언

고정욱의 한 마디 우리 속담 '천릿길도 한 걸음부터'를 바로 이때 쓸 수 있습니다. 작은 노력은 부담 없이 할 수 있지만 쌓이면 놀라운 업적이 된답니다. **오늘 이렇게** • 어제보다 수학 문제 하나 더 풀고, 게임 5분 덜 하겠다고 자신과 약속하고 실천해 보세요.

9월

8

교육이란 사람들이 행동하지 않을 때, 행동하도록 가르치는 것을 의미한다.

마크 트웨인
미국 문학의 아버지로 추앙받고 있는 소설가예요.
인종 차별과 제국주의를 비판했습니다.
대표 작품으로 《톰 소여의 모험》이 있습니다.

고정욱의 한 마디 바꿔 말하면 모르는 것을 배우는 것이 아니라, 행동하는 법을 배우는 것이 교육이라는 것입니다. 실천으로 이어지지 않으면 아무리 많이 알아도 쓸모가 없습니다.
오늘 이렇게 · 학교에서 배운 것 가운데 하나라도 실천으로 옮겨 보세요.

4월
24

안전한 항구를 떠나 항해하라. 당신의 돛에 무역풍을 가득 담아라. 탐험하라, 꿈꾸라, 발견하라.

마크 트웨인
미국 문학의 아버지로 추앙받고 있는 소설가예요.
인종 차별과 제국주의를 비판했습니다.
대표 작품으로 《톰 소여의 모험》이 있습니다.

고정욱의 한 마디 뭐든지 적극적으로 나서고, 자발적으로 참여하다 보면 멋진 기회가 찾아옵니다. **오늘 이렇게** • 꼭 가 보고 싶은 곳을 적어 두세요. 그곳에 꼭 가고 말겠다는 꿈을 잊지 마세요.

9월

7

당신이 쓰러졌는지 아닌지가 아니라, 당신이 일어나는지가 문제다.

빈스 롬바르디

미국의 미식축구 선수 출신 감독이에요. 그린베이 패커스 감독으로 재직한 9년 동안 다섯 번의 NFL 우승과 슈퍼볼 우승을 두 번 했습니다. 이러한 업적을 인정받아 슈퍼볼 우승컵의 이름으로 남게 되었습니다.

고정욱의 한 마디 실패한 것을 크게 받아들이면 다시 일어서지 못합니다. 하지만 실패를 딛고 일어서면 다시 도전할 수 있습니다. **오늘 이렇게** • 새롭게 시작할 일을 찾아보세요.

4월
25

당신이 할 수 있는 가장 큰 모험은 당신이 꿈꾸는 삶을 사는 것이다.

오프라 윈프리
미국의 방송인이에요.
〈오프라 윈프리 쇼〉로 미국 대중들의 사랑을 받았고,
'세계에서 가장 영향력 있는 여성'으로 불렸습니다.

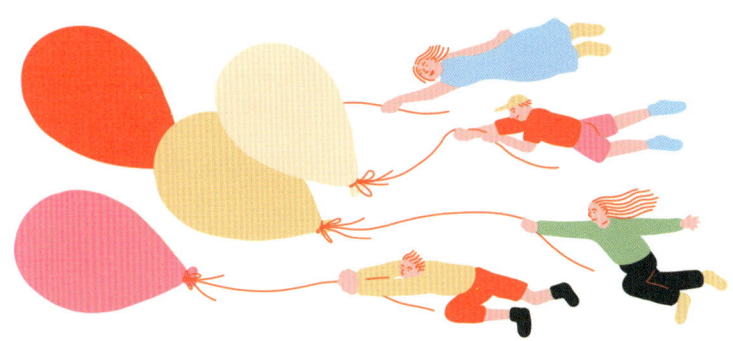

고정욱의 한 마디 꿈꾸는 건 생각하는 거예요. 생각은 설계도나 마찬가지입니다. 멋진 계획으로 내 삶을 만들어 가는 건 신나는 일입니다. **오늘 이렇게** • 미래에 하고 싶은 일과 꿈을 이루기 위해 날마다 무엇을 할지 적어 보세요. 예를 들어 화가를 꿈꾼다면 날마다 주변을 관찰하고, 그림 그리기를 해야겠지요.

9월
6

꿈을 이루는 가장 좋은 방법은 깨어나는 것이다.

폴 발레리
프랑스의 작가, 철학자, 시인이에요.
평생 일기를 쓴 것으로 유명합니다.

고정욱의 한마디 잠에서 깨어나야 꿈을 이루기 위해 노력할 수 있습니다. 또한 늘 꿈만 꾸고 아무것도 하지 않으면 꿈은 이루어지지 않습니다. **오늘 이렇게** • 나는 꿈을 이루기 위해 무엇을 하고 있는지 적어 보세요.

4월 26

만약 당신이 꿈을 꿀 수 있다면 그것을 이룰 수 있다.

월트 디즈니
오늘날 세계 최고의 콘텐츠 그룹인 월트 디즈니사의 창립자예요.
〈미키마우스〉나 〈도널드 덕〉 같은 애니메이션을 만든 만화가이기도 합니다.

고정욱의 한 마디 ▶ 사람들은 대부분 꿈이 없이 살아갑니다. 그러니 이룰 것도 없지요. 하지만 나의 꿈을 이루기 위해 노력하는 것, 그것이 삶입니다. 지금 꿈이 없어도 괜찮아요. 이것저것 경험하며 찾아 나가면 됩니다. **오늘 이렇게** • 주변을 둘러보며 내가 어른이 되어 하고 싶은 일들을 찾아 적어 보세요.

9월

5

남들이 좋다는 거 말고, 진짜 내가 좋아하는 것을 찾아라.

이병철
삼성 그룹을 세운 대한민국 기업인이에요.

고정욱의 한마디 내가 좋아하는 것은 내가 가장 잘하는 것입니다. 내가 잘하는 것을 해야 경쟁력이 있습니다. 그리고 남들보다 앞서갈 수 있습니다. **오늘 이렇게** • 내가 좋아하고 오랫동안 잘할 수 있는 것 열 개만 적어 보세요.

4월

27

나는 밤에 꿈을 꾸지 않는다.
나는 하루 종일 꿈을 꾼다.
나는 생계를 위해 꿈을 꾼다.

스티븐 스필버그
미국의 영화감독입니다. 수많은 명작을 만들어 냈으며,
어려서부터 재능을 갈고닦아 세계적인 거장이 되었습니다.

고정욱의 한 마디 ▶ 꿈을 이룬다는 건 자신의 삶을 계속 유지한다는 뜻입니다. 꿈을 이루면 자연스럽게 먹고살 수 있고, 경제 활동을 계속할 수 있습니다. **오늘 이렇게** • 나의 꿈을 큰 종이에 적어 잘 보이는 곳에 붙여 놓고 기억하세요. 꿈이 바뀌면 새롭게 적어 붙여 놓으면 됩니다.

9월
4

일어나 봐요. 서두르세요.
꿈을 이루려면 일어나서
먼저 걸어야 해요.

조앤 롤링

영국 아동 문학 작가예요. 전 세계적으로 큰 주목을 받은 '해리 포터' 시리즈의 주인공들을 네 시간 동안 멈춘 열차 안에서 떠올렸고, 집으로 돌아가자마자 '해리 포터'와 '론', '헤르미온느' 세 명의 이야기를 쓰기 시작했다고 합니다.

고정욱의 한 마디 롤링처럼 어떤 일이 하루아침에 일어나는 경우가 있습니다. 아무것도 하지 않았는데 일어나는 일은 없습니다. 늘 생각하고 있던 무언가가 어떤 기회에 한꺼번에 떠오르는 것입니다. **오늘 이렇게** • 생각의 줄을 꼭 잡고 절대 놓지 마세요.

4월
28

꿈들은 우리가 누구인지를 보여 주는 기준이다.

헨리 데이비드 소로
미국의 철학자이며, 사상가이고, 수필가예요.
재물을 탐하지 않고 국가에 항거한 삶으로
많은 사람들에게 선한 영향력을 미쳤습니다.

고정욱의 한 마디 꿈은 황당한 것이 아닙니다. 내가 잘 알고, 관심 있는 것입니다. 한마디로 나라는 사람만의 목표가 꿈이지요. **오늘 이렇게** • 내가 가장 좋아하고 잘하는 것이 무엇인지, 꿈으로 정해도 될지 생각해 보세요.

9월
3

나는 내가 할 수 있는 한의 최선의 것을 실행하고 또한 언제나 그러한 상태를 지속시키려고 한다.

에이브러햄 링컨
미국의 16대 대통령이에요. 노예 제도를 없애
미국뿐 아니라, 인류 역사에도 큰 영향을 미쳤습니다.

고정욱의 한 마디 늘 깨어 있어야 한다는 말이 있습니다. 깨어 있다는 것은 항상 최선을 다하고 모든 일에 노력한다는 뜻이지요. 응달에서 자란 꽃이 더 선명한 색깔을 띠는 까닭은 벌과 나비를 불러들이고 싶어서이기 때문입니다. **오늘 이렇게** • "최선을 다하자."라고 외치고 공부를 시작하세요.

4월 29

꿈을 이루는 것을 불가능하게 만드는 유일한 한 가지가 있다. 바로 실패에 대한 두려움이다.

파울로 코엘료
브라질 소설가예요. 인간의 본질과 삶의 근원을 추구하는 작품을 썼지요.
대표 작품 《연금술사》가 전 세계 170개국 이상에 번역되었습니다.

고정욱의 한 마디 실패가 두려운 이유는 누군가의 비난을 받고 싶지 않아서입니다. 하지만 내 꿈이 좌절된다고 비난할 사람은 아무도 없습니다. 사람은 각자 자기 인생을 살기 때문에 다른 사람을 의식할 이유도 없습니다. **오늘 이렇게** • 심부름하기나 신발 끈 묶기처럼 작은 성공에 도전하면서 자신감을 키우세요.

9월 2

오늘 그릇된 한 가지 습관을 고친다는 것은 새롭고 강한 성격으로 출발한다는 것을 의미한다.

라이너 마리아 릴케
오스트리아 출신의 독일 시인이에요. 고독한 소년 시절을 보낸 후
일찍부터 꿈과 동경이 넘치는 섬세한 서정시를 썼습니다.

고정욱의 한 마디 습관을 고치는 건 어렵습니다. 오랜 시간 몸에 밴 것이기 때문입니다. 몸에 밴 것을 고쳐 낼 정도라면 어떤 새로운 도전도 할 수 있습니다. 그러므로 새로운 습관을 얻는다는 것은 새로운 삶을 산다는 의미입니다. **오늘 이렇게** · 좋은 습관을 가진 친구를 살펴보고 따라 하세요.

4월
30

미래는 꿈의 아름다움을 믿는 사람들에게 주어진다.

엘리너 루스벨트
미국의 프랭클린 루스벨트 대통령 아내예요.
대통령 여성 지위 자문 위원회 위원장, 유엔 총회 미국 대표,
유엔 인권 위원회 초대 위원장 등을 지내며
인도주의적 활동을 많이 한 가장 적극적인 영부인입니다.

고정욱의 한 마디 ● 어렵고, 힘든 일도 있겠지만 꿈을 이루어 가는 과정은 그 자체로 값진 일이에요. 꿈의 가치를 알아보는 사람에게 멋진 미래가 주어지는 것은 당연한 일이겠지요.
오늘 이렇게 ● 오늘도 멋진 상상을 하세요. 나의 꿈이 이루어진 멋진 상상!

9월
1

바람아 불어라. 파도야 거칠어라. 희망은 가까워졌다.

마르틴 루터
독일 종교 개혁자예요. 로마 가톨릭교회의 면죄부 판매를 비판하면서
종교 개혁을 주장했습니다.

고정욱의 한 마디 ▶ 밤이 깊을수록 새벽은 밝아 옵니다. 비바람이 몰아친 뒤에는 반드시 태양이 고개를 내밉니다. 우리 삶도 마찬가지입니다. 고난을 이겨 내야 꿈에 다다르게 됩니다. **오늘 이렇게 ▪** 별이 빛나는 깜깜한 밤을 그림으로 그려 보세요.

5월

9월

5월 1

불편함을 편하게 생각하는 것이 꿈을 꾸며 살아가는 것에 대한 작은 대가다.

피터 맥윌리엄스
미국의 시인, 작가, 사진가예요.
명상에 관련된 책을 내서 많은 사랑을 받았습니다.

고정욱의 한 마디 꿈을 이루려면 열심히 노력해야 하고 그러다 보면 편안함이 깨지기도 하지요. 꿈은 저절로 이루어지지 않습니다. 불편함조차 담담하게 받아들이며 꿋꿋이 나아가다 보면 달디단 꿈의 열매를 맛볼 수 있습니다. **오늘 이렇게** • 꿈을 꾸며 살아가는 데 따르는 대가는 또 무엇이 있을지 적어 보세요.

8월
31

지식(아는 것)은 힘이다.

프랜시스 베이컨
영국의 철학자, 정치가, 사상가예요.
과학적 귀납법을 제창했고,
학문 개혁에 뜻을 둔 책 《학문의 진보》를 냈습니다.

고정욱의 한 마디 지식은 정보입니다. 정보를 많이 가진 사람은 누구보다 많은 기회를 잡습니다. 그렇기에 지식을 많이 가진 자는 능력을 갖게 됩니다. **오늘 이렇게 ●** 새롭게 알게 된 건 꼭 적어 두고 내 것으로 만드세요.

5월

2

다른 사람들을
행복하게 만들자.

랠프 월도 에머슨

미국의 작가이며, 사회사상가예요. 9세에 보스턴 라틴 학교에서 공식적인 학교 과정을 시작했어요.
14세에는 학교 직원들로 하여금 결석한 학생들을 직접 찾아가 그 결과를 교사들에게 알리도록 했지요.
상급생이 되면서 많은 책을 읽었고, '넓은 세상'이라는 저널을 썼어요.
동양 사상에 밝아 청교도의 기독교적 인생관을 비판했습니다.

고정욱의 한 마디 꿈은 하고 싶은 일입니다. 모두가 행복하게 만드는 것은 힘들겠지만 그만큼 뜻깊은 일이기도 하지요. 행복한 사람이 많을수록 세상은 살 만한 곳이 될 테니까요.
오늘 이렇게 • 주변에서 행복해 보이는 사람들을 찾아보고 그들이 왜 행복한지 알아보세요.

8월 30

내 인생은 일곱 번 넘어지고 여덟 번 일어났다.

프랭클린 루스벨트
미국의 32대 대통령이에요. 39세에 소아마비에 걸려 두 다리를 못 쓰게 되었지만,
좌절하지 않고 미국 역사상 유일무이한 4선 대통령이 되었지요.
대공황을 극복하기 위해 '뉴딜' 정책을 강력하게 추진했습니다.

고정욱의 한 마디 대통령인 프랭클린 루스벨트도 힘든 일을 겪었습니다. 그는 소아마비 장애인이기도 합니다. 그러나 결코 포기하지 않았고 마침내 일어섰습니다. 이렇듯 쓰러져도 반드시 일어나야 합니다. **오늘 이렇게** • '사전오기' 신화의 주인공 권투 선수 홍수환의 동영상을 찾아보세요.

5월 3

삶의 지혜란 불필요한 것들을 제거하는 데에 있다.

린위탕
중국의 소설가, 수필가, 언어학자, 문예 비평가예요.
중국 문화를 서양에 널리 알렸습니다.

고정욱의 한 마디 사람들은 자기도 모르게 잡동사니를 모으기도 합니다. 그것들이 자신을 어지럽히고 집중하지 못하게 만들지요. **오늘 이렇게** 가방이나 책상 서랍에서 쓸모없는 것들을 골라 보세요.

8월

29

한 곳에서 불만인 사람은 다른 곳에서도 행복하지 않다.

이솝
그리스의 우화 작가예요. 사모스 섬에 살던 노예였다가 해방되었고,
수많은 우화를 통해 널리 교훈을 주었습니다.

고정욱의 한마디 행복은 외부적인 것이 아니라, 내부적인 것이에요. 그렇기에 언제 어디서나 느낄 수 있어요. 마음이 불행한 사람은 언제 어디서나 행복할 수 없지요. **오늘 이렇게** · 긍정적인 마음으로 모든 일을 받아들여 보세요.

5월 4

부지런한 것은 값을 매길 수 없는 보배다.

강태공
중국 주나라의 정치가예요. 무왕을 도와 은나라를 멸망시켜 천하를 평정했고,
제나라 시조가 되었습니다.

`고정욱의 한마디` 부지런한 사람은 세상을 반짝반짝 빛나게 해요. 그렇기에 보배와 같지요. **오늘 이렇게** • 게으름을 다 몰아내겠다는 생각으로 빠르게 움직여 보세요.

8월 28

어린이를 불행하게 하는 가장 확실한 방법은 언제든지, 무엇이라도 손에 넣을 수 있게 내버려 두는 것이다.

장 자크 루소
프랑스의 작가, 사상가예요. 프랑스 혁명 지도자들의 사상적 지주였지요.
19세기 프랑스 낭만주의 문학의 선구적 역할을 했습니다.

고정욱의 한 마디 흔히 많은 것을 가지면 행복한 줄 압니다. 그렇지 않습니다. 부모가 준 것들은 내 것이 아니기 때문입니다. 많은 것을 나 스스로 얻어 낼 수 있는 능력이 소중합니다.
오늘 이렇게 • 내가 무언가를 열심히 해서 얻은 것들을 적어 보세요.

5월
5

인간은 일할수록 끝없는 힘이 솟아난다. 그러므로 인간이 하려고 한다면 무슨 일이든지 해결할 수 있다.

막심 고리키
러시아의 작가예요. 사회주의 리얼리즘의 원조이며, 가난한 여건에서도
자신의 학구열로 문학적 성공을 이루었어요. 대표 작품으로 《어머니》가 있습니다.

고정욱의 한 마디 인간의 노력에는 두 가지 힘이 들어갑니다. 체력과 정신력! 그런데 체력은 정신력의 지배를 받습니다. 정신을 모으고 하려고만 한다면 못 이룰 일이 없겠지요.
오늘 이렇게 ∙ 어려운 일이었지만 잘 해낸 기억을 떠올려 보세요.

8월 27

의욕적인 목표가 인생을 즐겁게 한다.

로버트 슐러
미국의 성직자, 저술가예요.
긍정의 힘을 널리 퍼뜨렸습니다.

> **고정욱의 한마디** 아침에 눈을 뜰 때마다 그날의 계획을 세워야 합니다. 목표가 있을 때 자리에서 벌떡 일어날 수 있고, 활기차게 뛰어나갈 수 있습니다. **오늘 이렇게** 일어나자마자 오늘 할 일을 적어 보세요.

5월 6

군자는 타인의 좋은 점을 말하고 악한 점을 말하지 않는다. 반대로 소인은 타인의 좋은 점은 말하지 않고 악한 점만 말한다.

공자

중국 춘추 시대의 사상가, 학자예요. 노나라 사람으로, 여러 나라를 두루 돌아다니면서
'인'을 정치와 윤리의 이상으로 하는 도덕주의를 설파하고,
덕치 정치를 강조했습니다.

고정욱의 한 마디 나에게 실력이 있고 능력이 있다면 남이 잘하는 것이 부럽지 않지요. 남의 험담을 하는 건 바로 내가 모자란다는 뜻입니다. **오늘 이렇게 ·** 친구가 좋은 일을 할 때 마음을 담아 칭찬해 주세요.

8월

26

우리는 종종 닫힌 문을 멍하니 바라보다가 우리를 향해 열린 문을 보지 못하게 된다.

헬렌 켈러

미국의 작가이자 사회 복지 사업가예요. 19개월 되던 때 열병으로 시각과 청각을 잃었어요.
하지만 설리번 선생님을 만나 글을 익히고 말을 배웠지요.
어른이 되어서는 장애인 복지에 관심을 갖고 큰 공헌을 했습니다.

고정욱의 한 마디 세상에는 수없이 많은 문이 있습니다. 문은 기회이기도 합니다. 이 기회를 놓쳤다고 다른 기회가 없어지는 것은 아닙니다. 새로운 삶에 도전하고 새로운 길을 찾을 때 더 멋진 삶이 기다리고 있습니다. **오늘 이렇게** • 새로운 문을 찾아보세요.

5월 7

인간의 삶 전체는 한순간에 불과하다. 인생을 즐기자.

플루타르코스
고대 로마의 그리스인 정치가, 작가, 철학자예요.
'최후의 그리스인'으로서 고전 그리스 세계에 통달했어요.
플라톤 철학을 받들고 박학다식한 것으로 유명하지요.
대표 작품으로 《도덕론》과 《영웅전》이 있습니다.

고정욱의 한마디 인간의 마음 가운데 가장 강력한 것은 즐거움입니다. "아는 것은 좋아하는 것만 못하고, 좋아하는 것은 즐거워하는 것만 못하다."라는 말이 있지요. **오늘 이렇게** • 노래를 흥얼거리며 즐거운 마음으로 학교에 가세요.

8월 25

수면은 피로한 마음의 가장 좋은 약이다.

미겔 데 세르반테스

스페인의 소설가, 극작가, 시인이에요. 가난한 가정 형편으로 학교 교육을 거의 받지 못했고, 해적에게 납치되는 등 소설 같은 삶을 살았어요. 풍자와 유머가 넘치고 자유분방한 공상을 펼치는 것이 특징이지요. 대표 작품으로 《돈키호테》, 《모범 소설집》이 있습니다.

고정욱의 한 마디 너무 잠을 줄이는 것은 좋지 않습니다. 뇌에는 한계가 있기 때문입니다. 적절한 휴식을 통해 뇌의 기능을 활성화할 수 있습니다. **오늘 이렇게** • 푹 쉬면서 에너지를 충전하는 하루를 보내세요.

5월 8

행동이 반드시 행복을 가져다주지는 않지만, 행동 없이는 행복이 오지 않는다.

벤저민 디즈레일리

영국의 정치가, 소설가예요. 영국 총리로 지내는 동안
노동자 계층의 권리가 확장되었고, 러시아에 대한 군사적 견제,
수에즈 운하 매수 등 영국의 이권을 확보했습니다.

고정욱의 한 마디 ▶ 아무것도 하지 않으면 아무 일도 일어나지 않습니다. 가만히 있는데 행복이 찾아올 리가 없겠지요. 힘들더라도 떨쳐 일어나 무슨 일이든 해야 합니다. **오늘 이렇게** ● "난 괜찮아."라고 외치며 동네를 한 바퀴 도세요.

8월 24

우리가 할 수 있는 일을 모두 한다면 우리는 우리 자신에 깜짝 놀랄 것이다.

토머스 에디슨
미국의 발명가이며, 사업가예요. 발명왕이라는 별명을 가질 정도로
세계에서 발명을 가장 많이 한 사람으로, 1,093개의 미국 특허가 그의 것입니다.

고정욱의 한 마디 우리의 잠재력에 관한 말입니다. 우리 안에 있는 잠재력은 무궁무진해서 상상을 초월합니다. 자신의 잠재력을 믿고 많은 일에 도전해 보십시오. **오늘 이렇게** 할 수 없다고 생각했던 일을 찾아 도전해 보세요.

5월 9

때때로 인생은 당신에게 큰 시련을 줄 것이다. 스스로의 믿음을 잃지 마라.

스티브 잡스
미국의 기업가예요. 애플사를 만들어 개인용 컴퓨터를 개발해 보급했고,
아이폰을 통해 스마트폰 시대를 이끌었습니다.

고정욱의 한 마디 가끔 '왜 나한테 이런 일이……'라는 생각이 들 만큼 누구나 힘든 일을 겪게 되지요. 하지만 걱정할 필요 없어요. 나는 힘든 일을 이겨 낼 수 있는 사람이니까요.
오늘 이렇게 "할 수 있다! 힘내자!"라고 크게 외쳐 보세요.

8월

23

신은 용기 있는 자를 결코 버리지 않는다.

헬렌 켈러

미국의 작가이자 사회 복지 사업가예요. 19개월 되던 때 열병으로 시각과 청각을 잃었어요.
하지만 설리번 선생님을 만나 글을 익히고 말을 배웠지요.
어른이 되어서는 장애인 복지에 관심을 갖고 큰 공헌을 했습니다.

고정욱의 한마디 용기 있는 자들은 무모해 보이고, 위험해 보입니다. 하지만 그들은 용기가 있기 때문에 삶을 살고 있습니다. 오늘도 우주가 그들을 도와주고 있을 것입니다. **오늘 이렇게** • 내가 생각하는 용기를 글로 써 보세요.

5월
10

행하고 끝을 맺지 못하는 것은 수치다.

관자
중국 제나라의 정치가, 사상가예요. 이름은 관중이지요.
제나라의 통치 이념으로 활용된 그의 정치 철학은 제나라가 전국 시대까지
전통적인 강국의 위치에 있을 수 있게 한 원동력이 되었습니다.

고정욱의 한 마디 뭔가를 시작하면 노력을 하게 됩니다. 그러니 당연히 결과가 나와야 하지요. 그런데 도중에 포기한다면 그것은 가만히 있는 것보다 못한 짓이 되기에 수치스러운 것입니다. **오늘 이렇게** • 시작만 하고 덮어 놓았던 일을 찾아 마무리하세요.

8월
22

직업에서 행복을 찾아라. 아니면 행복이 무엇인지 절대 모를 것이다.

엘버트 허버드
미국 작가, 출판 사업가예요. 젊은 시절 세일즈맨으로 큰 성공을 거두었지만,
이에 만족하지 않고 출판사를 세우고 출판 경영자이자 에세이스트로서의
삶을 개척했습니다.

고정욱의 한 마디 흔히들 행복은 다른 곳에 있는 줄 압니다. 그렇지 않습니다. 공부가 행복이고, 학원에 가는 것이 행복이고, 사는 것이 행복입니다. 내 삶 자체가 행복이라는 것을 기억해야 합니다. **오늘 이렇게** • 학교에서 행복을 찾아보세요.

5월
11

고난이 있을 때마다 그것이 참된 인간이 되어 가는 과정임을 기억해야 한다.

요한 볼프강 폰 괴테
독일의 시인, 극작가, 정치가, 과학자예요. 또한 세계적인 문학가이며,
자연 연구가이기도 해요. 바이마르 공화국의 재상을 지냈어요.
대표 작품으로 《파우스트》가 있습니다.

고정욱의 한 마디 고난을 멀리하거나 나쁜 걸로만 여기면 안 됩니다. 고난을 겪으면서 생각이 넓어지고, 경험이 쌓이기 때문입니다. 큰 고난이 큰 인물을 만들기도 하지요. **오늘 이렇게** · 내게 주어진 어려움은 나를 더 큰 사람으로 만드는 거라는 사실을 기억하세요.

8월

21

진정으로 웃으려면 고통을 참아야 하며, 나아가 고통을 즐길 줄 알아야 한다.

찰리 채플린
영국 출신 미국의 코미디 배우예요. 무성 영화의 대가이기도 합니다.

고정욱의 한 마디 우리 삶은 무엇으로 이루어져 있을까요? 바로 우리가 사는 하루하루로 이루어져 있습니다. 그렇기에 오늘 하루 잘 살자고 생각하면 그날들이 모여 평생을 멋지게 살 수 있습니다. **오늘 이렇게** 힘든 일을 생각하며 "하하하!" 크게 웃어 보세요.

5월 12

개선하는 것은 변화하는 것이고, 완벽해지는 것은 자주 변화하는 것이다.

윈스턴 처칠

영국의 정치인이에요. 1차 세계 대전에는 해군 장관으로, 2차 세계 대전에는 총리로 참전하여 전쟁을 승리로 이끌었지요. 전쟁 후 얄타 회담과 포츠담 회담에서 중요 역할을 했고, 1953년에는 노벨 문학상도 받았습니다.

고정욱의 한 마디 ▶ 개선은 조금씩 변하는 것이고, 완벽해진다는 것은 어느 날 갑자기 되는 것이 아니라 조금씩 지속적으로 변해서 된다는 거예요. 잘못된 버릇을 자꾸 고쳐 가면 어느 순간 나는 인격자가 되어 있을 것입니다. **오늘 이렇게** • 새롭게 고칠 버릇이 있는지 자신을 들여다보세요.

8월 20

언제나 현재에 집중할 수 있다면 행복할 것이다.

파울로 코엘료
브라질 소설가예요. 인간의 본질과 삶의 근원을 추구하는 작품을 썼지요.
대표 작품 《연금술사》가 전 세계 170개국 이상에 번역되었습니다.

고정욱의 한 마디 다른 일에 신경 쓰지 않고 지금 이 순간에만 집중할 수 있다면 삶은 편안해질 것입니다. 그리고 행복해지겠지요. 그런 시간들이 이어지면 마지막에 행복한 삶을 살았노라고 말할 수 있을 것입니다. **오늘 이렇게** • 목표를 하나 정하고 그것에만 집중하는 하루를 보내세요.

5월

13

장해나 고뇌는 나를 굴복시킬 수 없다. 이 모든 것은 분투와 노력에 의해 타파된다.

레오나르도 다빈치

르네상스 시대의 이탈리아를 대표하는 천재적 미술가, 과학자, 기술자, 사상가예요.
르네상스 시대 미술은 그에 의해 완성되었다고 평가받아요.
조각, 건축, 토목, 수학, 과학, 음악에 이르기까지 다양한 방면에 재능을 보였습니다.

고정욱의 한 마디 패배보다 더 나쁜 것이 항복입니다. 스스로 굴복했기 때문입니다. 굴복하지 않는 한 어떤 어려움도 나를 꺾을 수는 없습니다. **오늘 이렇게** • 어려운 일을 이겨 냈던 경험을 글로 써 보세요.

8월
19

하루에 세 시간 걸으면
7년 만에 지구 한 바퀴를 돌 수 있다.

새뮤얼 존슨
영국의 시인, 비평가예요.
영국 최초로 영어 사전을 만들었습니다.

고정욱의 한 마디 지구는 어마어마하게 큰 것 같습니다. 하지만 한쪽 방향으로 끝까지 가면 떠났던 곳으로 되돌아올 수 있습니다. 오랜 시간과 노력이 필요하긴 합니다. 하지만 불가능하진 않습니다. **오늘 이렇게** • "천릿길도 한 걸음부터."라는 마음으로 매사에 최선을 다하세요.

5월 14

진짜 문제는 사람들 마음이다.
그것은 절대로
물리학이나 윤리학의 문제가 아니다.

알베르트 아인슈타인
독일 출신 미국 물리학자예요.
시간과 공간이 하나로 결합된 '시공간'이라는 개념을 만들어 냈으며,
일반 상대성 이론을 연구했습니다.

고정욱의 한 마디 큰돈을 가지고 있어도 불행한 사람이 있고, 작은 돈으로도 행복한 사람이 있습니다. 모든 것은 마음먹기에 달렸다는 사실을 잊지 않아야 합니다. 나의 마음을 소중히 간직하고 지켜야 합니다. **오늘 이렇게** • 5분 정도 차분히 앉아서 호흡에 집중하면서 명상을 해 보세요.

8월
18

행복은 습관이다.
그것을 몸에 지녀라.

조지 허버트
영국의 형이상학파 시인, 성공회 성직자예요.

고정욱의 한 마디 — 사람들은 행복을 찾아 헤맵니다. 행복은 먼 곳에 있지 않습니다. 내 안에서 행복을 찾는 사람이 되어야 합니다. **오늘 이렇게** • 행복한 나의 모습을 그림으로 그려 보세요.

5월

15

꿈을 품어라. 꿈이 없는 사람은 아무런 생명력도 없는 인형과 같다.

그라시안 이 모랄레스

스페인의 작가, 예수회 신부예요. 타라고나의 예수회 부속학교장을 역임했고, 프랑스 도덕주의자들의 선구가 되었어요. 대표 작품으로 《비평가》가 있습니다.

고정욱의 한 마디 사람의 몸이 자동차라면 꿈은 엔진입니다. 엔진은 자동차를 움직이게 하지요. 멋진 꿈을 장착한다면 멋진 사람이 될 수 있습니다. **오늘 이렇게** • 나를 흥분시킬 만한 꿈 몇 개를 잘 적어 놓으세요.

8월 17

삶이 있는 한 희망은 있다.

마르쿠스 툴리우스 키케로
고대 로마의 정치가이며, 웅변가예요. 수사법과 웅변에 관한 책을 많이 펴냈지요.
철학사에서 그리스 사상의 전달자로서 중요하게 평가되고 있습니다.

고정욱의 한 마디 판도라의 상자에서 온갖 안 좋은 것들이 쏟아져 나왔습니다. 하지만 마지막에 희망이 나온 덕분에 우리는 그 안 좋은 것들을 이겨 낼 수 있습니다. 절망 속에서 꽃피는 희망, 그것이 우리를 살게 해 줍니다. **오늘 이렇게** • 희망을 주제로 글을 써 보세요.

5월 16

자신감 있는 표정을 지으면 자신감이 생긴다.

찰스 다윈
영국의 생물학자이면서 박물학자예요. 오랜 연구 끝에
자연 선택을 통해 생물이 진화한다는 진화론을 발표했습니다.

고정욱의 한 마디 행복한 사람들은 웃습니다. 하지만 웃다 보면 스스로 행복해지기도 합니다. 나의 삶이 어렵고 두려워도 자신감을 가져 봅시다. **오늘 이렇게** • 미소 지으며 사람들을 만나세요.

8월
16

위대한 일들을 이루기 전에 스스로에게 위대한 일들을 기대해야 한다.

마이클 조던
미국의 NBA 출신 은퇴한 농구 선수예요.
농구 역사상 가장 위대한 선수로 인정받고 있습니다.

고정욱의 한 마디 작은 목표를 가지면 작은 목표를 이룰 뿐입니다. 큰 목표를 가질 때 큰 꿈이 이루어집니다. 최대한 큰 꿈을 품도록 하세요. **오늘 이렇게** • 내가 이룰 수 있는 가장 큰 영광을 글로 써 보세요.

5월 17

이룰 수 없는 꿈을 꾸고
이길 수 없는 적과 싸우며,
이룰 수 없는 사랑을 하고
견딜 수 없는 고통을 견디고,
잡을 수 없는 저 하늘의 별도 잡자.

미겔 데 세르반테스

스페인의 소설가, 극작가, 시인이에요. 가난한 가정 형편으로 학교 교육을 거의 받지 못했고, 해적에게 납치되는 등 소설 같은 삶을 살았어요. 풍자와 유머가 넘치고 자유분방한 공상을 펼치는 것이 특징이지요. 대표 작품으로 《돈키호테》, 《모범 소설집》이 있습니다.

고정욱의 한 마디 세상에 불가능은 없습니다. 모든 것이 도전 대상이고 모든 것이 가능한 일입니다. 그것을 알고 도전하고 노력한다면 나의 삶은 늘 활기차고 행복할 것입니다. **오늘 이렇게** • 세상에서 일어나기 힘들 것이라고 생각하는 일들을 쭉 적어 보세요. 그리고 그 이유도 각각 적어 보세요.

8월 15

내 삶이 끝날 때,
내 삶의 길이만큼만 살았다는 걸
깨닫고 싶지 않다.
내 삶의 폭도 살고 싶다.

다이앤 애커먼
미국 시인, 박물학자, 정원사예요. 뇌과학에 관한 책을 많이 썼습니다.

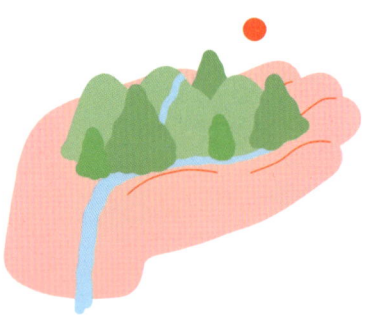

고정욱의 한 마디 오래 사는 것이 중요한 것이 아닙니다. 크고, 넓고, 깊게 살아야 합니다. 많은 경험을 하고, 많은 공부를 하고, 많은 기회를 갖는 것. 그것이 진정한 삶입니다. **오늘 이렇게** • 유튜브에서 생각과 감성을 넓히고 키우기 위한 강연을 찾아 들어 보세요.

5월

18

인간은 인생의 방향을 결정할 규칙을 가지고 있어야 한다.

존 웨인
서부극에 주로 출연한 미국의 대배우예요.
미국인들이 가장 좋아하는 전통적인 영화 장르에서
미국의 이미지를 가장 잘 표현했습니다.

고정욱의 한 마디 내가 중심이 되어 내가 결정하는 것이 바로 나의 삶입니다. 내가 원하고 내가 선택하고 내가 책임지는 것이 내 삶입니다. **오늘 이렇게** • 오롯이 나의 생각으로 하루를 살아 보세요.

8월
14

성공이란 절대 실수를 하지 않는 게 아니라, 같은 실수를 두 번 하지 않는 데에 있다.

조지 버나드 쇼

영국 아일랜드 출신의 극작가 겸 소설가예요. 1925년 노벨 문학상을 받았어요.
희곡 작가, 비평가이면서 사회주의 이론가이기도 합니다.

고정욱의 한 마디 실수는 큰 스승입니다. 나를 키워 주고 성공을 향해 이끌어 주기 때문입니다. 하지만 같은 실수를 여러 번 반복하면 성공으로 가는 길은 멀어집니다. **오늘 이렇게** • 내가 되풀이하는 실수들을 쭉 적고, 원인을 곰곰이 생각해 보세요.

5월 19

고통을 거치지 않고 얻은 승리는 영광이 아니다.

나폴레옹 1세
프랑스의 시골 귀족 출신으로 혁명의 어지러운 시절에
뛰어난 군사적 능력을 발휘해 프랑스를 강대국으로 만든 인물입니다.
유럽을 손아귀에 쥐고 황제까지 되었습니다.

고정욱의 한 마디 승리라는 건 나와 같은 목표를 가진 사람을 이기는 것입니다. 결코 쉽게 얻어지지 않지요. 그렇기에 당연히 고통이 따릅니다. **오늘 이렇게** • 영광스러운 승리를 위해 오늘도 참아 내겠다고 하늘을 향해 크게 외치세요.

8월 13

내 경험으로 동기란 단 하나뿐이고, 그건 갈망이다. 어떤 판단이나 원칙도 그걸 누르거나 저항할 수 없다.

제인 스마일리
미국 작가예요. 중세의 전설을 연구했습니다.
대표 작품으로 《천 에이커의 땅에서는》이 있습니다.

고정욱의 한 마디 원하는 게 뭐냐고 묻는다면 사람들은 다양한 대답을 할 것입니다. 하지만 그것들의 공통점은 바로 지금의 나보다 더 나은 나를 꿈꾼다는 것입니다. 이 열망을 이길 수 있는 것은 아무것도 없습니다. **오늘 이렇게** • 내가 원하는 것들을 계속 적어 나가세요.

5월
20

기쁨을 주는 사람만이 더 많은 기쁨을 누릴 수 있다.

알렉상드르 뒤마
프랑스 소설가, 극작가예요. 역사적 사실과 허구를 잘 섞어
프랑스 역사 소설을 대표하는 작품을 많이 썼습니다.
대표 작품으로 《삼총사》, 《몬테크리스토 백작》이 있습니다.

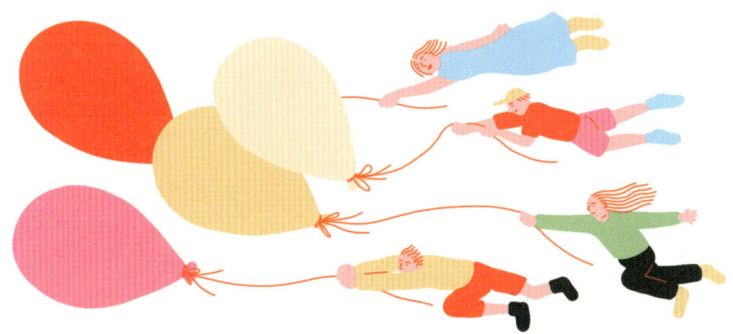

고정욱의 한 마디 사람들은 대부분 뭔가 받으면 갚으려고 합니다. 그렇기에 남을 기쁘게 하면 자신도 기쁨을 돌려받을 수 있지요. 또한 기쁨을 주는 과정에서 내 마음속의 기쁨도 커집니다. **오늘 이렇게** • 누군가를 도와주면서 내 마음속의 기쁨이 얼마나 커지는지 보세요.

8월
12

승리하는 사람들은 자신이 어디로 가고 있는지, 그 과정에서 어떤 일을 할 계획인지, 그 모험을 누구와 함께할 것인지 알고 있다.

데니스 웨이틀리

미국의 경영 상담가, 리더십 강사예요. 아폴로 우주 비행사를 위한
행동 심리 프로그램, 슈퍼볼 챔피언 팀의 경기력 향상 프로그램 등을 운영했습니다.
미국 해군의 조종사 출신이라는 특이한 이력이 있습니다.

고정욱의 한 마디 꿈이 없다는 사람들이 있습니다. 그들은 꿈에 대해 별로 생각해 보지 않은 사람입니다. 끊임없이 꿈꾸고 누구와 함께 꿈을 이룰지 생각해 봐야 합니다. 분명히 나를 도와 멋진 여행을 함께 떠날 사람이 나타날 것입니다. **오늘 이렇게** • 누구와 함께 내 꿈을 이루어 갈 건지 적어 두세요.

5월 21

주어진 삶을 살아라.
삶은 멋진 선물이다.
거기에 사소한 것은
아무것도 없다.

플로렌스 나이팅게일
영국의 간호사예요. 병원과 의료 제도를 개혁했지요.
간호사라는 직업을 확실하게 자리 잡게 만들었습니다.

고정욱의 한 마디 누구나 삶은 소중합니다. 시간이 흘러가면 돌이킬 수도 없습니다. 내 삶의 주인이 되어 하루하루를 꽉 채워야 합니다. **오늘 이렇게** • 빈틈없는 계획표를 짜 보세요.

8월 11

사람들이 인생에서 실패하는 가장 큰 이유는 친구, 가족, 이웃 들의 말을 듣기 때문이다.

나폴레온 힐
세계적인 성공학 연구자예요.
부자들의 성공 비결을 탐구해 책으로 냈습니다.

고정욱의 한 마디 사람들은 나를 걱정한다면서 조언을 합니다. 때로는 조언도 필요합니다. 하지만 그들은 내가 아닙니다. 나의 마음, 나의 생각을 따라 살아야 합니다. **오늘 이렇게** 누군가 내게 충고하면 귀 기울여 듣되 반드시 내 생각과 비교해서 결정하세요.

5월 22

남의 힘을 바라지 말고 당신의 신념을 믿으라. 굳은 신념이 당신의 새로운 성공을 보장해 줄 것이다.

노먼 빈센트 필

미국의 저술가, 동기 부여 연설가예요. '만인의 성직자'로 불리지요.
60년 동안 목사로서 사역하면서 절망에 빠진 이들에게
성공적인 삶을 살아갈 방법을 제시했습니다.

고정욱의 한 마디 신념은 긍정적인 사고입니다. 무엇이든 된다는 마음을 가지니 하는 노력이 모두 열매를 맺을 수 있습니다. 그런 것을 사람들은 성공이라고 부릅니다. **오늘 이렇게**
- 나의 생각을 더욱 다지게 하는 책을 읽으세요.

8월

10

더 쉬웠으면 하고 바라지 말고 내가 더 나았으면 하고 바라라.

짐 론

미국의 동기 부여 연설가예요. 지혜로운 조언과 통찰력 있는 사고방식으로
많은 사람에게 긍정적인 변화를 가져다주고 있습니다.

고정욱의 한 마디 뻔한 것은 재미없습니다. 남들이 다 한 것도 재미없습니다. 쉬운 일보다는 내가 해낼 수 있는 일에 집중해야 합니다. **오늘 이렇게** • 풀지 못하고 넘어갔던 수학 문제를 찾아 더 나은 자신의 모습을 보여 주세요.

5월

23

어떠한 과정에 있어서나 그 성과를 좌우하는 것은 가장 부족한 자원, 즉 시간이다.

피터 드러커

미국 경영학자예요. 현대 경영학을 창시한 학자로 평가받으며,
경제적 자원을 잘 활용하고 관리하면
인간 생활의 향상과 사회 발전을 이룰 수 있다고 생각했습니다.

고정욱의 한 마디 흘러간 시간, 써 버린 돈, 무너진 신뢰는 되돌릴 수 없습니다. 그만큼 지금이 순간의 시간이 가장 중요하다는 뜻이지요. 시간은 금이라는 마음으로 낭비하지 않는 나날을 살아야 합니다. **오늘 이렇게** • 어제 하루를 돌아보며 허투루 보낸 시간이 없는지 찾아보세요.

8월 9

모방해서 성공하는 것보다 독창적으로 실패하는 게 더 낫다.

허먼 멜빌
미국 소설가, 시인이에요. 대표 작품으로 노 젓는 작은 보트로 고래를 쫓는
용감한 포경선 선원들의 생활을 생생하게 그린 《모비딕》이 있습니다.

고정욱의 한 마디 남의 것을 그대로 따라 하면 한 번의 성공은 이룰 수 있겠지요. 하지만 실패했더라도 내가 노력해서 나만의 생각으로 진행한 경험은 영원히 내 것이 됩니다. 실패의 경험으로 또 다른 성공을 꿈꿀 수 있습니다. **오늘 이렇게** • 오직 나만이 그릴 수 있는 그림을 그려 보세요.

5월
24

물처럼 약한 것도
한 곳에 힘을 모으면
강한 것을 능히 이길 수 있다.

노자
중국 춘추 시대의 철학자예요.
우리가 흔히 얘기하는 '도'를 창시한 사람입니다.

고정욱의 한 마디 물은 약합니다. 하지만 양이 많아지면 힘이 생깁니다. 나의 작은 노력도 많이 모이면 큰 힘을 발휘합니다. **오늘 이렇게** • 작은 정성을 꾸준히 쌓으면 할 수 있는 것을 적어 보세요.

8월

8

승리를 통해서는 작은 것을 배울 수 있지만, 패배로부터는 모든 것을 배울 수 있다.

크리스티 매튜슨
미국 야구 선수예요. 메이저리그 다승 공동 3위를 기록했고,
명예의 전당에 오른 최초의 5인 중 한 명이지요.
스크류볼의 대가로 당대 최고의 투수였습니다.

고정욱의 한 마디 늘 이기기만 하면 승리감에 빠져 자신을 돌아보지 못할 수도 있습니다. 하지만 패배하면 왜 졌는지 곱씹고, 다음에 이길 궁리를 하게 됩니다. 그래서 많은 것을 배울 수 있습니다. **오늘 이렇게** • 패배한 경험을 쭉 적어 보세요.

5월
25

군자는 말은 느리고 능숙하지 못해도 실행은 민첩해야 한다.

《논어》
제자들이 공자의 가르침을 엮은 책이에요.
동양 사상의 가장 중심이 되는 내용이 담겨 있습니다.

고정욱의 한 마디 무엇이든 말로만 하고 실천하지 않는 사람이 있습니다. 이런 사람은 남들로부터 믿음을 얻기 힘들지요. 함께 사는 세상에서 믿음을 얻지 못한 사람은 뒤처질 수밖에 없습니다. **오늘 이렇게** ● 입에서 말을 꺼내기 전에 천천히 3까지 세어 보세요.

8월 7

패배의 공포가 승리의 짜릿함보다 커지게 하지 마라.

로버트 기요사키
미국의 작가, 사업가, 교육자, 재테크 전문가예요.
'부자 아빠, 가난한 아빠' 시리즈로 유명합니다.

고정욱의 한 마디 패배든 승리든 어떤 경쟁의 결과물입니다. 경쟁이 일어나기 전 승리의 짜릿함을 내 안에 채우면 패배의 공포를 몰아낼 수 있을 겁니다. 짜릿함으로 공포를 몰아내야 합니다. **오늘 이렇게** • 승리한 경험을 쭉 적어 보세요.

5월 26

성공이라는 못을 박으려면
끈질김이라는 망치가 필요하다.

존 메이슨
미국의 사업가이며, 베스트셀러 작가예요. 자신의 기업 사람들이
모두 꿈을 찾을 수 있도록 이끄는 걸로 유명합니다.

고정욱의 한 마디 인간의 업적은 작은 노력이 어마어마하게 쌓여서 이루어진 것입니다. 그러니 날마다 꾸준히 작은 노력을 하는 것이 중요합니다. **오늘 이렇게** • 날마다 영어 단어 하나 외우고, 수학 문제 하나 꼬박꼬박 풀겠다고 결심하세요.

8월
6

당신이 정말로 뭔가를 원한다면 기다리지 마라. 견디지 못하는 법을 스스로에게 가르쳐라.

구르박시 차할
인도계 미국인 인터넷 기업가예요.
여러 인터넷 광고 회사를 세웠습니다.

고정욱의 한 마디 ▸ 정말 원하는 것이 있는데 마냥 기다릴 수만은 없습니다. 그것이 스스로 올 리 없기 때문입니다. 내가 먼저 다가가야 하고, 그것을 얻기 위해서 싸워야 합니다. **오늘 이렇게** ▸ 내가 절실하게 원하는 것 한 가지를 적고, 그것을 얻기 위해 지금 바로 무엇을 해야 할지 생각해 보세요.

5월 27

사랑은 인생에서 가장 훌륭한 치유제다.

파블로 피카소
스페인의 화가, 작가예요. 입체파 미술의 창시자로, 단일 시점과 원근법을 무시하고
한 화면에 입체를 표현한 작품으로 역사를 바꿨어요.
조각, 도자기, 판화 작품까지 5만여 점의 작품을 남겼습니다.

고정욱의 한 마디 아끼고 위해 주는 마음이 사랑입니다. 사랑을 받으면 억울하고 속상한 것들이 다 사그라듭니다. 사랑을 나누는 행위야말로 인간의 가장 숭고한 행동입니다. **오늘 이렇게** • 부모님을 꼭 끌어안고 사랑한다고 말해 보세요.

8월 5

남들이 당신을 위해 계획해 놓은 것은 많지 않다.

짐 론
미국의 동기 부여 연설가예요. 지혜로운 조언과 통찰력 있는 사고방식으로
많은 사람에게 긍정적인 변화를 가져다주고 있습니다.

고정욱의 한 마디 내 인생은 나의 것입니다. 누구도 나 대신 살아 줄 수 없습니다. 나는 내가 설계하고 내가 꿈꾸는 대로 살게 되어 있습니다. **오늘 이렇게** • 남의 생각은 그저 의견일 뿐이라는 걸 기억하세요.

5월 28

아침에 눈을 떴을 때,
오늘 단 한 사람에게라도 좋으니
그가 기뻐할 만한
무슨 일을 할 수 없을까, 생각하라.

프리드리히 빌헬름 니체
독일의 철학자이자, 시인이에요.
기독교가 대표하는 모든 가치를 무너뜨리기 위해
평생 싸웠습니다.

고정욱의 한 마디 — 누군가를 기쁘게 하는 게 이타심입니다. 그런 이타심이 쌓이면 세상은 온정이 가득해집니다. 내가 세상을 바꾸는 방법이 바로 그것입니다. **오늘 이렇게** • 주변 사람들에게 기쁨의 카드를 만들어 전해 주세요.

8월 4

실패에서부터 성공을 만들어 내라. 좌절과 실패는 성공으로 가는 가장 확실한 디딤돌이다.

데일 카네기
미국의 강사, 작가예요. 세계 최고의 자기 계발 전도사로,
《데일 카네기 성공대화론》,《데일 카네기 인간관계론》 등의 책을 썼습니다.

고정욱의 한 마디 실패했다는 건 뭔가 시도했다는 뜻입니다. 그렇기에 다시 시도하면 좀 더 나아질 수 있습니다. 그러다 보면 성공이 가까워집니다. **오늘 이렇게** • 나의 실패를 적고 어디까지 진행했는지 확인해 보세요.

5월

29

포유류가 살아남은 건 그들이 변화에 가장 잘 적응했기 때문이다.

찰스 다윈
영국의 생물학자이면서 박물학자예요. 오랜 연구 끝에
자연 선택을 통해 생물이 진화한다는 진화론을 발표했습니다.

고정욱의 한 마디 살다 보면 수많은 변화를 경험하게 됩니다. 그런 변화를 능동적으로, 기쁜 마음으로 받아들여야 합니다. **오늘 이렇게** 올 가을부터 내게 어떤 변화가 생길지 생각해 보세요.

8월

3

성공한 전사는 면도날 같은 초점을 지닌 평범한 사람이다.

브루스 리
홍콩 출신 액션 영화배우예요.
자신이 만든 영화의 시나리오를 쓰고, 감독까지 하기도 했습니다.

고정욱의 한 마디 초점을 지녔다는 건 정확하게 핵심을 안다는 뜻입니다. 그리고 정확하게 중심이라는 뜻이기도 합니다. **오늘 이렇게** • 그림책 한 권을 읽고 작가가 전하고자 하는 이야기를 한 줄로 써 보세요.

5월 30

그대의 길을 가라.
남들이 무엇이라 하든
내버려 두어라.

알리기에리 단테
이탈리아의 시인이에요. 이탈리아 역사상 가장 위대한 작가이자,
서양사에 한 획을 그은 이탈리아의 대표적인 위인이지요. 대표 작품 《신곡》은
지옥에 다녀오는 이야기를 통해 인간의 삶에 경고하는 걸작입니다.

고정욱의 한 마디 자존감 낮은 사람은 남의 말에 흔들립니다. 마치 장에 나귀 팔러 가는 부자와 같습니다. 망하든 흥하든 나의 책임이라는 생각으로 나의 길을 가야 합니다. **오늘 이렇게 •** 나만의 길을 가기 위해 나는 어떤 마음가짐을 가져야 할지 생각해 보세요.

8월 2

당신이 다수의 편에 서 있다는 걸 깨닫게 될 때가 다시 생각해 볼 때다.

마크 트웨인
미국 문학의 아버지로 추앙받고 있는 소설가예요.
인종 차별과 제국주의를 비판했습니다.
대표 작품으로 《톰 소여의 모험》이 있습니다.

고정욱의 한 마디 세상엔 사람이 너무나 많습니다. 남들과 비슷한 생각, 비슷한 행동으로는 남과 달라질 수 없습니다. 나만의 생각, 나만의 아이디어를 생각해야 합니다.
오늘 이렇게 • 다르게 보고, 비틀어 보고, 고개를 갸웃하며 보는 습관을 들이세요.

5월
31

괴로운 시련처럼 보이는 것이 뜻밖의 좋은 일일 때가 많다.

오스카 와일드
아일랜드 시인, 소설가 겸 극작가이자 평론가예요.
'예술을 위한 예술'을 표어로 하는 유미주의를 주창했어요.
대표 작품으로 《행복한 왕자》, 《도리언 그레이의 초상》이 있습니다.

고정욱의 한 마디 ▸ 좋은 일이 나쁜 일이 되기도 하고, 나쁜 일이 좋은 일이 되기도 합니다. 그러니 항상 긍정적인 마음을 가져야 됩니다. 세상일은 돌고 돌면서 순환하기 때문입니다.
오늘 이렇게 ▸ '나에겐 좋은 일만 생긴다.' '나는 항상 성공할 수 있다.'와 같은 긍정적인 마음을 갖도록 노력하세요.

8월 1

내가 강해질 용기를 낼 때, 내 힘을 내 비전을 위해 사용할 때 내가 두려워하는지 여부는 점점 덜 중요해진다.

오드리 로드
미국의 시인, 여성주의 활동가예요.
작품을 통해 인종주의, 성차별주의, 계급주의, 이성애주의를 비판했습니다.

고정욱의 한 마디 두려움은 자신 없음의 상징입니다. 같은 어려운 일도 도전 정신이나 실력이 있는 사람들은 두려움이 없습니다. 용기가 나를 강하게 만들어 주니까요. **오늘 이렇게** • 어려울 때마다 "나는 할 수 있다! 두렵지 않다!"라고 외쳐 보세요.

6월

6월

1

도중에 포기하지 말고, 망설이지 말고, 최후의 성공을 거둘 때까지 밀고 나가자.

데일 카네기
미국의 강사, 작가예요. 세계 최고의 자기 계발 전도사로,
《데일 카네기 성공대화론》,《데일 카네기 인간관계론》 등의 책을 썼습니다.

고정욱의 한 마디 "가다가 멈추면 아니 감만 못하니."라는 말이 있습니다. 한마디로 모든 일은 성공하고 완수할 때 비로소 빛을 본다는 뜻입니다. 중간에 그만두면 아무것도 이루어지는 것이 없기 때문이지요. **오늘 이렇게** • 먼저 목표 하나를 세우고, 이루어 냈을 때 나의 모습을 그림으로 그려 보세요.

7월

31

휴식은 게으름도, 멈춤도 아니다.

헨리 포드
'자동차의 왕'이라 불리는 미국의 사업가예요. 벨트 위에 부품을 올려놓고
자동차 조립을 순차적으로 하는 기술을 개발했습니다.

고정욱의 한 마디 기운이 다하면 더 이상 움직이지 못합니다. 쉬면서 에너지를 충전해야 다음으로 나아갈 수 있기 때문입니다. 브레이크 없는 자동차는 어딘가에 부딪히게 마련입니다. **오늘 이렇게** • 내 몸이 너무 힘들다고 하지는 않는지 귀 기울여 보세요.

6월
2

물고기는 언제나 입으로 낚인다. 인간도 역시 입으로 걸린다.

《탈무드》
히브리족의 경전이에요.
오랜 역사 속의 삶의 지혜를 많이 담고 있습니다.

고정욱의 한 마디 말이 우리를 흥하게도 하지만 망하게도 합니다. 말을 가려서 하고 조심하는 훈련은 아무리 많이 해도 지나치지 않습니다. **오늘 이렇게** • 다른 사람을 기쁘게 하는 예쁜 말을 열 가지 적어 보세요.

7월
30

언어는 오해의 근원이다.

앙투안 드 생텍쥐페리
프랑스의 소설가이자, 공군 장교예요. 복잡한 삶을 동화처럼 써서
단순하게 볼 수 있게 해 주었어요. 대표 작품으로 《어린 왕자》가 있습니다.

고정욱의 한 마디 때로는 아무 생각 없이 한 말이 상대방에게 상처를 주기도 합니다. 상처를 받은 사람은 다음부터는 나와 이야기 나누기를 꺼리기도 합니다. 오해가 생기는 것이지요. 말하기 전에 늘 몇 번 생각하는 습관을 들여야 합니다. **오늘 이렇게** • 예쁜 말, 착한 말, 용기 주는 말에 대해 생각해 보세요.

6월
3

사람에게 가장 중요한 일은 실패했다고 해서 낙심하지 않는 일이며, 성공했다고 해서 기뻐 날뛰지 않는 일이다.

표도르 미하일로비치 도스토옙스키
러시아의 작가예요. 인간의 심리를 꿰뚫는 통찰력 있는 작품을 많이 썼습니다.
대표 작품으로 《죄와 벌》이 있습니다.

고정욱의 한 마디 오늘이 가면 내일이 옵니다. 내일이 가면 모레가 오지요. 다시 말해 우리에겐 매일매일 기회가 옵니다. 오늘 실패했더라도 내일 다시 노력해서 성공할 수 있는 것입니다. **오늘 이렇게** • 오늘 안 되면 내일, 내일 안 되면 모레 도전하겠다고 결심하세요.

7월
29

들은 것은 잊어버리고, 본 것은 기억하고, 직접 해 본 것은 이해한다.

공자
중국 춘추 시대의 사상가, 학자예요. 노나라 사람으로, 여러 나라를 두루 돌아다니면서
'인'을 정치와 윤리의 이상으로 하는 도덕주의를 설파하고,
덕치 정치를 강조했습니다.

고정욱의 한 마디 남에게 들은 것은 쉽게 잊히지만, 내가 본 것은 머리에 남습니다. 하지만 스스로 해 본 것은 남에게 설명할 만큼 이해할 수 있습니다. **오늘 이렇게** • 요즘 남에게 들은 것, 내가 본 것, 스스로 해 본 것을 적고 비교해 보세요.

6월 4

인생이 주는 최고의 상은 가치 있는 일에 열심히 일할 수 있는 기회가 주어지는 것이다.

프랭클린 루스벨트

미국의 32대 대통령이에요. 39세에 소아마비에 걸려 두 다리를 못 쓰게 되었지만, 좌절하지 않고 미국 역사상 유일무이한 4선 대통령이 되었지요. 대공황을 극복하기 위해 '뉴딜' 정책을 강력하게 추진했습니다.

고정욱의 한 마디 누구나 가치 있는 사람이 되고 싶어 합니다. 그러나 사람 자체가 가치 있을 수는 없습니다. 그 사람이 하는 일, 그가 꿈꾸는 일이 가치 있는 일이라야 합니다. **오늘 이렇게** ● 가치 있는 사람은 어떤 사람인지 글로 써 보세요.

7월
28

다음 세기를 바라보는 지금, 지도자들은 다른 사람들에게 힘을 주는 사람이 될 것이다.

빌 게이츠
미국의 기업인이에요. 어린 시절부터 컴퓨터 프로그램
만드는 것을 좋아했어요. 하버드대학교를 자퇴하여 회사를 만들었고,
컴퓨터 시대에는 소프트웨어가 중요하다는 걸 간파해 엄청난 부를 쌓았습니다.

고정욱의 한 마디 지도자는 자기 혼자 잘 먹고 잘사는 사람이 아니라, 주변을 이끌며 세상을 바꾸는 사람이어야 합니다. 그런 지도자가 있을 때 그와 함께하는 사람들도 발전해 나갈 수 있습니다. **오늘 이렇게** ● 주변 사람들에게 희망을 주는 말과 행동을 해 보세요.

6월
5

노동은 기계가 대신해 주고 완전히 자동화되는 날이 올지도 모르지만, 지식은 오직 훌륭한 인간적인 자원인 것이다.

피터 드러커
미국 경영학자예요. 현대 경영학을 창시한 학자로 평가받으며,
경제적 자원을 잘 활용하고 관리하면
인간 생활의 향상과 사회 발전을 이룰 수 있다고 생각했습니다.

고정욱의 한 마디 지식은 인간들만 갖고 있습니다. 수많은 경험과 공부해서 얻은 것들이 도움을 주는 것입니다. 하지만 이제는 인공 지능이, 필요한 지식을 대신하고 있습니다. 그래도 인공 지능은 인간의 창의성을 따라잡지 못합니다. **오늘 이렇게** • 완전히 자동화된 공장에서 일하는 사람을 그림으로 그려 보세요.

7월

27

성공이란 당신 자신, 당신이 하는 일, 그 일을 하는 방식을 좋아하는 것이다.

마이아 앤절로
미국의 시인, 작가, 배우예요. 자신의 경험이 일깨운 것들을 글과 연기로,
춤과 노래로 세상에 전했고, 흑인 인권 운동을 했습니다.

고정욱의 한 마디   나 자신, 내가 하는 일, 내가 일하는 방식을 좋아하는 사람은 늘 미소를 짓습니다. 행복하기 때문입니다. 물질적 성공보다는 내면적 성공이 삶을 더 풍요롭게 해 줍니다. **오늘 이렇게** • 내가 되고 싶은 사람 말고, 내가 좋아하는 일을 찾아보세요.

7월

6월

6

법률가도, 이발사도 일의 가치에 있어서는 아무 차이도 없다.

존 러스킨

영국의 미술가, 사회사상가예요. 건축과 장식 예술 분야에서
고딕 복고 운동을 전개해 대중에게 큰 영향을 미쳤습니다.

고정욱의 한 마디 ▸ 세상은 많은 사람이 일해서 굴러가고 있습니다. 그렇기에 어떤 일이 더 값어치가 있다고 말할 수 없지요. 우리가 하는 모든 일은 소중합니다. **오늘 이렇게** ▸ 감사하는 마음을 가지고 주변에서 일하는 분들을 하나하나 적어 보세요.

7월
26

리더십의 기능은 지도자를 더 많이 만드는 것이지 추종자를 더 많이 만드는 게 아니다.

랠프 네이더
미국의 정치인, 사회 운동가, 변호사, 작가예요.
자동차 안전벨트를 모두가 쓰도록 했습니다.

고정욱의 한 마디 조직을 이끌어 가는 지도자의 실력은 그를 따르는 사람의 수로 평가받지 않습니다. 또 다른 지도자를 많이 만드는 리더가 진정한 지도자입니다. **오늘 이렇게** • 주변에서 리더십 있는 지도자를 찾아보세요.

6월 7

하늘 높이 날아오르려 하지 않으면, 땅바닥만 기어 다니는 운명을 면치 못할 것이다.

벤저민 디즈레일리

영국의 정치가, 소설가예요. 영국 총리로 지내는 동안
노동자 계층의 권리가 확장되었고, 러시아에 대한 군사적 견제,
수에즈 운하 매수 등 영국의 이권을 확보했습니다.

고정욱의 한 마디 몸과 마음의 힘을 꾸준히 길러야만 하늘 높이 날아올라 넓은 세상을 볼 수 있습니다. 아무 노력도 하지 않으면 자기가 서 있는 곳 주변만 볼 수 있겠지요. **오늘 이렇게** 눈을 감고 높은 하늘을 날아다니는 자신의 모습을 상상해 보세요.

7월
25

어린이의 첫 번째 행복은 자신이 사랑받고 있다는 것을 아는 것이다.

조반니 돈 보스코
이탈리아의 가톨릭 성직자예요. 살레시오 수도회를 만들었지요.
어린이와 청소년을 위한 교육에 헌신했습니다.

고정욱의 한 마디 사랑은 성장에 아주 중요한 요소입니다. 어린이들에게 사랑이 중요한 이유는 그것입니다. 사랑받은 어린이는 자신감 있고, 믿음직한 어른으로 자랍니다. **오늘 이렇게** • 나에게 사랑을 주는 사람이 누구인지 순서대로 적어 보세요.

6월 8

세상은 고통으로 가득하지만, 그것을 극복하는 사람들로도 가득하다.

헬렌 켈러
미국의 작가이자 사회 복지 사업가예요. 19개월 되던 때 열병으로 시각과 청각을 잃었어요.
하지만 설리번 선생님을 만나 글을 익히고 말을 배웠지요.
어른이 되어서는 장애인 복지에 관심을 갖고 큰 공헌을 했습니다.

고정욱의 한 마디 ▶ 우리는 저마다 고민을 갖고 살아갑니다. 하지만 그 고민을 이겨 내지 못하면 계속 우울하고 힘들게 살아야 합니다. 사람들은 대부분 자신의 어려움과 고통을 이겨 냅니다. 나도 할 수 있습니다. **오늘 이렇게** ▸ 나의 고통을 헬렌 켈러와 비교해 보세요.

7월 24

성공으로 가는 길과 실패로 가는 길은 거의 똑같다.

콜린 R. 데이비스
영국의 지휘자예요. 코번트가든 왕립오페라극장의
음악 감독을 지냈습니다.

고정욱의 한 마디 목표를 향해 끝까지 가면 성공이고, 도중에 멈추면 실패이니 둘의 길은 같다는 뜻입니다. 마지막까지 조금도 흐트러지지 않게 노력해야 합니다. **오늘 이렇게** 목표를 향해 끝까지 가겠다는 생각으로 최선을 다하는 하루를 보내세요.

6월

9

상대편의 말을 잘 들어줌과 동시에 잘 대답할 수 있는 것이야말로 대화술의 극치라 할 수 있다.

프랑수아 드 라로슈푸코
프랑스 명문가의 귀족이었어요.
인간이 깊은 자기애에 기초하여 움직인다는 것을 밝혀냈지요.
세상을 관조하는 도덕주의자로서 집필에 전념한 사람입니다.

고정욱의 한 마디 대화라는 것은 서로 얼굴 마주하여 이야기 나눈다는 뜻입니다. 한쪽이 말하기만 하거나 한쪽이 듣기만 하는 것은 대화가 아닙니다. 올바른 대화는 서로 주고받는 것입니다. **오늘 이렇게** • 친구의 이야기를 귀 기울여 듣고 나서 마음을 담아 답을 하세요.

7월

23

삶에 진정한 흥미가 있고 호기심 있는 삶을 살면, 잠이 가장 중요한 것이 아니게 된다는 것을 발견했다.

마사 스튜어트
미국 기업인이에요. 요리, 수예, 실내 장식 같은
생활 전반의 일들로 사업을 만들고, 책도 냈습니다.

고정욱의 한 마디 우리가 삶의 보람을 느끼는 순간은 누군가에게 의미 있는 일을 했을 때입니다. 보람 있는 삶은 돈으로 살 수 없습니다. **오늘 이렇게** • 아침에 일어나기 힘들 때마다 잠이 중요한 것이 아니라는 말을 떠올리세요.

6월
10

겸손하고 양보하는 마음은 인격을 완성하는 데 있어서 절대 필요한 양식이라 이것이 떨어지면 사람들은 교만하고 약해진다.

존 러스킨
영국의 미술가, 사회사상가예요. 건축과 장식 예술 분야에서
고딕 복고 운동을 전개해 대중에게 큰 영향을 미쳤습니다.

고정욱의 한 마디 잘난 척하는 사람은 모두 미워합니다. 하지만 겸손하고 남의 말을 잘 듣는 사람은 모두 좋아합니다. 사람들이 존경하고 그와 함께 많은 일을 하고자 합니다. **오늘 이렇게** • '인격'에 대해 여러 자료를 찾아보고 글로 정리해 보세요.

7월 22

조직을 만들어야 할 가장 좋은 이유는 의미를 만들기 위해서다.

가이 카와사키
마케팅 전문가, 작가, 투자가예요.
애플의 마케팅 전략을 완전히 바꿔 놓은 마케터로 유명합니다.

고정욱의 한마디 단순히 돈을 벌기 위해서 노력하는 건 의미가 없습니다. 명예를 위해 노력하는 것도 그렇습니다. 진정으로 좋은 것은 바로 좀 더 나은 세상을 만들기 위해 노력하는 것입니다. **오늘 이렇게** • 세상에 작은 이로움이라도 주기 위해 현재 내가 할 수 있는 일을 꼽아 보세요.

6월
11

실패를 걱정하지 말고, 부지런히 목표를 향하여 노력하면, 그만큼 반드시 보상을 받을 것이다.

노먼 빈센트 필
미국의 저술가, 동기 부여 연설가예요. '만인의 성직자'로 불리지요.
60년 동안 목사로서 사역하면서 절망에 빠진 이들에게
성공적인 삶을 살아갈 방법을 제시했습니다.

고정욱의 한 마디 부정적인 생각은 우리를 움츠리게 만듭니다. 기운을 뺍니다. 그리고 될 일도 안 되게 합니다. 부정적 생각할 시간에 조금이라도 노력하는 것이 중요합니다. **오늘 이렇게** • 오늘의 목표들을 적고 성취하면 하나씩 지우세요.

7월 21

성공 success이 노력 work 보다 먼저 나타나는 유일한 곳은 사전이다.

비달 사순
영국의 헤어 디자이너, 기업인이에요. 1960년대에 보브 컷을 기반으로 한 새로운 스타일을 만들어 내 인기를 끌었습니다.

고정욱의 한 마디 성공은 결코 주어지지 않습니다. 노력을 한 뒤에 비로소 성공이 오지요.
오늘 이렇게 · 요즘 내가 노력하고 있는 것들을 적어 보세요.

8월

6월
12

쇳덩이는 사용하지 않으면 녹이 슬고, 물은 썩거나 추위에 얼어붙듯이 재능도 사용하지 않으면 녹슬어 버린다.

레오나르도 다빈치

르네상스 시대의 이탈리아를 대표하는 천재적 미술가, 과학자, 기술자, 사상가예요.
르네상스 시대 미술은 그에 의해 완성되었다고 평가받아요.
조각, 건축, 토목, 수학, 과학, 음악에 이르기까지 다양한 방면에 재능을 보였습니다.

고정욱의 한 마디 구르는 돌에는 이끼가 끼지 않는다는 말이 있습니다. 이끼가 낄 새 없이 구르기 때문이지요. 사람도 날마다 운동하고 활동하는 사람은 건강합니다. **오늘 이렇게** 그동안 하지 않았던 악기 연주나 운동, 그림 등의 예능을 다시 한번 시도해 보세요.

7월 20

사람은 생각하는 대로 된다.
그것이 가장 묘한 비밀이다.

얼 나이팅게일
미국의 라디오 연설가, 작가예요.
인간의 성격과 발달에 대해 많이 이야기했습니다.

고정욱의 한 마디 세상일은 마음먹기 달렸습니다. 긍정적이고, 적극적으로 생각하면 진취적인 사람이 되고, 부정적이고 소극적으로 생각하면 웅크린 사람이 되지요. 내가 되고 싶은 사람을 생각해서 좇으면 언젠가는 나도 그렇게 될 가능성이 높아집니다. **오늘 이렇게** "못 해!"라는 말보다는 고개를 끄덕이며 "할 수 있어!"라고 말하는 하루를 보내세요.

6월 13

당신의 행복은 무엇이 당신의 영혼을 노래하게 하는가에 따라 결정된다.

낸시 설리번
미국의 배우, TV 프로그램 진행자, 시나리오 작가예요.

고정욱의 한 마디 ▸ 영혼이 노래한다는 것은 삶이 즐겁다는 뜻입니다. 어떤 일을 할 때, 즐거웠던 경험을 떠올려 보세요. 어떤 목표를 향해 달릴 때도 마찬가지예요. 그럴 때 나도 모르게 콧노래가 나오잖아요. **오늘 이렇게** ▸ 가장 좋아하는 일을 신나게 해 보세요.

7월
19

사람들은 동기 부여는 오래가지 않는다고 말한다. 목욕도 마찬가지다. 그래서 매일 하라고 하는 것이다.

지그 지글러
세계적인 베스트셀러 작가예요. 수많은 단체와 일반인들을 대상으로
호소력과 설득력을 지닌 강연을 했습니다.

고정욱의 한 마디 작심삼일이라는 말이 있습니다. 아무리 굳게 마음먹어도 오래가지 않는다는 뜻이지요. 그래서 날마다 아침에 일어나자마자 결심하고, 자기 전에도 결심해야 합니다. **오늘 이렇게** • "나도 할 수 있어."라고 아침저녁으로 외쳐 보세요.

6월 14

삶이 소중한 이유는 언젠가 끝나기 때문이다.

프란츠 카프카

체코에서 태어나 독일어를 쓴 소설가예요. 시대를 앞서간 예술적 감각으로
천재 중의 천재로 평가받아요. 주인공이 곤충으로 변하는 내용을 다룬
《변신》과 같이 환상적인 작품 세계를 보여 주는 작품을 썼어요.
《심판》, 《성》 등에서는 인간의 소외를 잘 그렸습니다.

고정욱의 한 마디 ▶ 오늘 하루가 지나가면 그만치 나의 남은 삶이 짧아져요. 하루하루를 소중하게 여기지 않으면 내 삶이 허무하게 끝날 수 있어요. 소중하게 가꿔야 합니다. **오늘 이렇게** ▸ 나는 죽고 나서 어떤 사람이라는 평가를 받고 싶은가 생각해 보세요.

7월 18

끝마치지 않고 죽어도 되는 일만 내일로 미뤄라.

파블로 피카소
스페인의 화가, 작가예요. 입체파 미술의 창시자로, 단일 시점과 원근법을 무시하고
한 화면에 입체를 표현한 작품으로 역사를 바꿨어요.
조각, 도자기, 판화 작품까지 5만여 점의 작품을 남겼습니다.

고정욱의 한 마디 오늘 하루는 한번 지나가면 다시 오지 않습니다. 그만큼 소중하지요. 해야 할 일을 미루지 말고 실행해야 합니다. **오늘 이렇게 •** 내일 해도 되는 일이 무엇인지 적어 보세요.

6월
15

인간의 됨됨이는
그가 가진 지식에 있는 것이 아니라,
지식을 갖기 위해 노력하는 데에 있다.

고트홀트 에프라임 레싱
독일의 연극 평론가예요. 시민을 주인공으로 한 시민극을 생기 있는 장르로 만들어
독일 문화 발전에 이바지했습니다.

고정욱의 한 마디 지식이라는 것은 항상 부족합니다. 그리고 새로운 지식이 계속 생겨납니다. 그 새로운 지식을 계속 보충하는 것이 진정한 지식입니다. 갖고 있는 것에 만족해선 되지 않습니다. **오늘 이렇게** • 내가 알고 있는 것보다 더 알기 위해 오늘도 궁금한 걸 선생님에게 질문해 보세요.

7월 17

용기는 공포에 대한 저항, 공포의 지배이지 공포의 부재가 아니다.

마크 트웨인
미국 문학의 아버지로 추앙받고 있는 소설가예요.
인종 차별과 제국주의를 비판했습니다.
대표 작품으로 《톰 소여의 모험》이 있습니다.

고정욱의 한 마디 용기 있는 사람에게도 두려움은 있습니다. 다만 두려움에 굴복하지 않을 따름입니다. 그것을 이겨 내는 자만이 영광을 맛봅니다. **오늘 이렇게** • 그동안 두려워서 하지 못한 일을 용기 내어 처리해 보세요.

6월
16

상황을 가장 잘 활용하는 사람이 가장 좋은 상황을 맞는다.

존 우든
미국의 전설적인 농구 감독이에요. 진지한 태도와 끈기를 가르쳐
3류 팀을 최고 명문으로 키웠습니다.

고정욱의 한 마디 군대에서는 지형지물을 잘 이용하라고 합니다. 주변에 있는 물건들을 이용해서 목적을 이루려는 것입니다. 주어진 상황을 탓하지 말고 나에게 쓸모 있도록 잘 가꾸어서 이용한다면 나는 어떠한 곳에서도 빛을 발할 수 있습니다. **오늘 이렇게** • 나에게 불리한 일은 없고 모두 유리한 것들뿐이다라는 마음가짐을 가지세요.

7월

16

꿈을 계속 간직하고 있으면, 반드시 실현할 때가 온다.

요한 볼프강 폰 괴테

독일의 시인, 극작가, 정치가, 과학자예요. 또한 세계적인 문학가이며,
자연 연구가이기도 해요. 바이마르 공화국의 재상을 지냈어요.
대표 작품으로 《파우스트》가 있습니다.

고정욱의 한 마디 간직한다는 것은 소중히 여기는 것을 잘 간수해 둔다는 것입니다. 시시때때로 꺼내 볼 수 있는 곳에 둔다면 내 꿈은 늘 나와 함께하고 나는 그 꿈을 이루기 위해 노력하겠지요. **오늘 이렇게** • 내 꿈을 들여다보며 "꿈은 이루어진다."고 외쳐 보세요.

6월
17

평범함은 위대함을 숨기는 보석이다.

윌리엄 쿨리지
미국 태생의 역사가, 신학자, 산악인이에요.
알프스 산맥을 1,750회 올랐습니다.

고정욱의 한 마디 위대한 사람이라고 특별한 사람이 아닙니다. 우리와 다를 바 없는 사람이지만 그 안에 열정과 야망과 꿈을 가진 사람입니다. 그렇기에 평범한 사람이라고 위대해지지 않는다는 보장이 없습니다. **오늘 이렇게** • 내 안에 큰 위대함이 숨어 있다고 믿으세요.

7월

15

지금 상태로 머물러서는 우리가 원하는 모습대로 될 수 없다.

맥스 디프리
미국의 사업가, 작가예요.
일하기 좋은 100대 기업으로 뽑힌 가구 회사 허먼밀러의 전 회장이기도 합니다.

고정욱의 한 마디 달팽이는 결코 크고 무서운 짐승이 될 수 없습니다. 자기 집 안에 웅크리고 있기 때문입니다. 위대한 자, 모험가는 모두 자신에게 익숙한 집을 버린 사람입니다. 새로운 것에 도전하고 모험을 즐겼기 때문입니다. **오늘 이렇게** • 미래의 내 모습을 그림으로 그리고, 그때까지 나는 무엇을 할 것인지 적어 보세요.

6월
18

두렵다면 챔피언이 될 수 없다.
위험성에 도전할 때 영광이 온다.
잃을 위험을 감수하지 않으면
평범한 것에 만족해야 한다.

짐 론
미국의 동기 부여 연설가예요. 지혜로운 조언과 통찰력 있는 사고방식으로
많은 사람에게 긍정적인 변화를 가져다주고 있습니다.

고정욱의 한 마디 도전하는 자만이 영광을 얻습니다. 도전은 위험성이고 위험하다는 것은 두려운 것입니다. 하지만 그걸 받아들이겠다는 자세를 가질 때 나는 더 훌륭한 사람이 됩니다. **오늘 이렇게** • "내 마음엔 두려움이 없다."라고 크게 외쳐 보세요.

7월 14

뛰어난 걸 원하면 오늘 당장 이룰 수 있다. 지금 당장 뛰어나지 못한 일을 그만둬라.

토머스 존 왓슨
미국 IBM의 전 회장이에요.
자수성가한 실업가이며 큰 부자였습니다.

고정욱의 한 마디 뛰어나지 못한 일을 부여잡고 있으면 뛰어날 기회가 오지 않습니다. 쓸데없는 일은 과감하게 버리고 새로운 목표를 세워서 앞으로 나아가야 합니다. 우리에게 주어진 시간이 무한하지 않기 때문입니다. **오늘 이렇게** • 내 생활에서 지지부진하게 진행되는 일을 적고 지운 다음 새로운 목표 하나를 세우세요.

6월

19

두려움을 향해 걷자. 그리고 두려움은 사라질 것이다.

존 우든
미국의 전설적인 농구 감독이에요. 진지한 태도와 끈기를 가르쳐
3류 팀을 최고 명문으로 키웠습니다.

고정욱의 한 마디 뭐든지 잘 모를 때 두렵습니다. 실제로 맞닥뜨려 보면 별거 아닐 때가 많습니다. 도망가지 말고 정면 도전할 때 두려움을 이겨 낼 방법도 찾을 수 있습니다. **오늘 이렇게** • 거울을 똑바로 쳐다보며 두려움 없는 내 눈을 확인하세요.

7월 13

성공은 매일 반복한 작은 노력들의 합이다.

로버트 콜리어
미국의 성공학 작가예요. 폭넓은 독서로 인간관계와 사회생활의 원리를 간파해 많은 책을 냈습니다.

고정욱의 한 마디 하루 24시간은 24만 원으로 바꿔 볼 수 있습니다. 시간은 돈처럼 소중합니다. 돈을 아끼듯이 시간을 아끼고, 날마다 노력한다면 나중에 위대한 업적을 이룰 수 있습니다. **오늘 이렇게** • 여름 방학을 알차게 보낼 계획표를 짜 보세요.

6월
20

한 가지 생각을 선택하라. 몸의 모든 부분을 그 생각으로 가득 채우고 다른 생각은 다 내버려 둬라. 이것이 성공하는 방법이다.

비베카난다

인도의 철학자, 사상가예요. 압박받는 인도를 위해 많은 사회 활동을 했어요.
인도에서는 힌두 개혁가이자 민족주의의 우상, 영혼의 스승으로 존경받고 있습니다.

고정욱의 한 마디 이 세상에는 80억 명의 사람이 있습니다. 하지만 나와 똑같은 사람은 없습니다. 나만의 생각을 하고 나만의 삶을 살아야 진정한 나의 삶입니다. **오늘 이렇게** • 잘 풀리지 않는 수학 문제 하나를 종이에 적고 하루 종일 풀어 보세요.

7월

12

나에게 부족한 것이 있다는 것은 내가 성공할 수 있다는 뜻이다.

나폴레온 힐
세계적인 성공학 연구자예요.
부자들의 성공 비결을 탐구해 책으로 냈습니다.

고정욱의 한 마디 성공하거나 훌륭한 사람이 된다는 것은 나에게 주어진 조건이 중요한 게 아니라, 오히려 그런 부족함으로 더 오기를 가지고 노력할 수 있다는 뜻입니다. **오늘 이렇게** • 나에게 부족한 것을 적으세요. 그리고 그걸 이겨 내겠다는 각오를 다지세요.

6월
21

추구할 수 있는 용기가 있다면, 우리의 모든 꿈은 이뤄질 수 있다.

월트 디즈니
오늘날 세계 최고의 콘텐츠 그룹인 월트 디즈니사의 창립자예요.
〈미키마우스〉나 〈도널드 덕〉 같은 애니메이션을 만든 만화가이기도 합니다.

고정욱의 한 마디 꿈이 없는 사람은 용기가 없는 사람입니다. 왜냐하면 용기만이 꿈을 향해 나아가게 해 주기 때문이지요. 늘 큰 꿈을 향해 도전해야 합니다. **오늘 이렇게** • 나의 꿈을 크게 적어 잘 보이는 곳에 붙여 놓으세요.

7월

11

나는 내가 더 노력할수록 운이 더 좋아진다는 걸 발견했다.

토머스 제퍼슨

미국의 정치가, 교육자, 철학자예요. 자유와 평등으로 건국의 이상이 되었던
미국 독립선언문의 기초 위원이었지요. 철학, 자연 과학, 건축학, 농학, 언어학 등으로
많은 사람에게 영향을 주어 '몬티첼로의 성인'으로 불렸습니다.

고정욱의 한 마디 운이라는 것은 노력의 결과입니다. 남들이 볼 때 운으로 여길 뿐입니다. 지금도 운이라는 말이 그렇게 해서 나오는 것입니다. 노력에 노력을 거듭하고 봐야 할 일입니다. **오늘 이렇게** • 노력과 운은 동전의 양면입니다. 오늘도 열심히 공부하세요.

6월 22

기다리는 사람에게도 좋은 일이 생기지만, 찾아 나서는 사람에게는 더 좋은 일이 생긴다.

작자 미상

고정욱의 한 마디 기다리는 사람은 찾아오는 기회만 잡을 수 있지만, 찾아 나서는 사람은 세상에 널려 있는 많은 기회를 잡을 수 있지요. **오늘 이렇게** • 관심은 있는데 다가가지 못했던 친구에게 용기 내서 말을 걸어 보세요.

7월

10

간단하게 설명할 수 없으면 제대로 이해하지 못하는 것이다.

알베르트 아인슈타인
독일 출신 미국 물리학자예요.
시간과 공간이 하나로 결합된 '시공간'이라는 개념을 만들어 냈으며,
일반 상대성 이론을 연구했습니다.

고정욱의 한 마디 제대로 알지 못하는 사실을 설명하려면 군더더기가 많이 붙습니다. 핵심을 파악하지 못하고 있기 때문입니다. 설명하기 전에는 늘 내가 무슨 말을 전하고 싶은지 곰곰이 생각해야 합니다. **오늘 이렇게** • 수박 겉을 핥으면 수박 맛을 알 수 없다는 말을 기억하세요.

6월
23

늘 하던 대로 하면
늘 얻던 것을 얻는다.

작자 미상

고정욱의 한 마디 고인 물이라는 말이 있습니다. 더 이상 변하지도 않고 더 이상 움직이지도 않는 것입니다. 날마다 새로운 노력과 새로운 생각으로 변화하며 살아야 합니다.
오늘 이렇게 • 새로운 방식으로 친구에게 인사해 보세요.

7월 9

행복은 나비다. 당신이 쫓아다니면 늘 잡을 수 없는 곳에 있지만, 조용히 앉아 있으면 당신에게 내려앉을지도 모른다.

너새니얼 호손
미국의 작가예요. 청교도의 이념에 바탕을 둔 작품을 썼습니다.
대표 작품으로 《주홍 글씨》가 있습니다.

고정욱의 한 마디 세상일은 쫓아가면 이루거나 얻을 수 있습니다. 하지만 행복은 쫓는다고 얻을 수 있는 것이 아닙니다. 가만히 나의 할 일을 해낼 때 내 것이 될 수 있습니다.
오늘 이렇게 • 친구에게 성급하게 다가가기보다는 한 발 떨어져서 친구가 원하는 것이 무엇인지 살펴보세요.

6월 24

열정을 잃지 않고 실패에서 실패로 걸어가는 것이 성공이다.

윈스턴 처칠

영국의 정치인이에요. 1차 세계 대전에는 해군 장관으로, 2차 세계 대전에는 총리로 참전하여 전쟁을 승리로 이끌었지요. 전쟁 후 얄타 회담과 포츠담 회담에서 중요 역할을 했고, 1953년에는 노벨 문학상도 받았습니다.

고정욱의 한 마디 실패인 줄 알면서도 계속 도전하는 사람은 용감한 사람입니다. 그렇게 계속 도전하다 보면 어느 순간 성공이 찾아오는 법입니다. **오늘 이렇게** • 실패했는데 다시 도전한 경험을 글로 써 보세요.

7월
8

위대한 것으로 향하기 위해 좋은 것을 포기하는 걸 두려워하지 마라.

존 록펠러
미국의 석유 사업가예요. 오하이오스탠더드석유회사를 세워
미국 정유소의 95퍼센트를 운영했습니다.

고정욱의 한 마디 이 세상에 공짜는 없습니다. 뭔가 좋은 것을 얻으려면 내가 갖고 있는 소중한 것을 내놓을 줄 알아야 합니다. 그래야 더 큰 결과와 보상을 얻기 때문입니다. 두 마리 토끼를 다 잡을 수는 없다는 것을 잊지 마세요. **오늘 이렇게** • 하고 싶은 일과 해야 할 일을 적고 무엇을 먼저 할지 정해 보세요.

6월 25

애벌레가 세상이 끝났다고 생각하는 순간 나비로 변했다.

속담

고정욱의 한 마디 애벌레만 탈바꿈을 하는 것이 아닙니다. 사람도 매일 똑같은 것 같지만 날마다 생각이 다르기에 탈바꿈을 하는 셈입니다. 날마다 탈바꿈하여 새로운 사람이 되어야 합니다. 그러면 더 나은 삶을 살게 될 것입니다. **오늘 이렇게** • 1년 뒤 달라진 나의 모습을 그림으로 그려 보세요.

7월

7

잘못된 것들을 쫓아다니는 것을 그만두면 옳은 일들이 당신을 따라잡을 기회가 생긴다.

롤리 다스칼
미국의 경영 상담가예요.
주로 회사 임원들을 대상으로 상담하는 일을 합니다.

고정욱의 한 마디 나쁜 습관, 나쁜 생각은 나를 발전하지 못하게 합니다. 좋은 생각, 좋은 습관을 계속하다 보면 좋은 일이 벌어지고 행운이 올 것입니다. 그게 나를 변화시키기 때문입니다. **오늘 이렇게** • 내 삶에 도움이 되지 않는 게임이나, 게으름을 오늘부터 멀리해 보세요.

6월

26

공부는 시간이 부족한 것이 아니라, 노력이 부족한 것이다.

속담

고정욱의 한 마디 물 위에 떠 있는 오리는 떠 있기 위해 끝없이 발로 물갈퀴질을 합니다. 우리 눈에 보이지는 않지만 사람들은 뭔가를 이루기 위해 엄청난 노력을 하고 있습니다. **오늘 이렇게** • 나는 어떤 일에 엄청난 노력을 하고 있는지 떠올려 보세요.

7월 6

진짜 어려움은 극복할 수 있다. 정복할 수 없는 것은 상상 속의 어려움들뿐이다.

시어도어 뉴턴 베일
미국 전화전신회사의 전 CEO예요. 무선전화를 개척했습니다.

고정욱의 한 마디 우리는 어려움이 닥치면 해결하려고 노력합니다. 그런데 다가오지도 않은 어려움을 두고 지레 겁먹는 사람들이 있습니다. 내 앞에 있는 어려움부터 해결할 마음을 가져야 합니다. **오늘 이렇게** ● 내가 어려워하는 것들을 적고, 먼저 처리할 것부터 번호를 매겨 보세요.

7월 1

작은 일을 훌륭히 해내면, 큰일은 자연히 결말이 난다.

데일 카네기
미국의 강사, 작가예요. 세계 최고의 자기 계발 전도사로,
《데일 카네기 성공대화론》,《데일 카네기 인간관계론》 등의 책을 썼습니다.

고정욱의 한 마디 우주도 별들로 이루어져 있습니다. 사람의 몸도 세포로 이루어져 있습니다. 그 작은 것들 하나하나가 모여서 큰 것이 됩니다. 작은 일을 소중히 여기는 자가 큰일을 이룰 수 있습니다. **오늘 이렇게** • 그동안 내가 소홀하게 여긴 일이 무엇인지 찾아내 정성을 들여 보세요.

7월 2

남들이 당신에게 던진 벽돌들로 탄탄한 기반을 쌓을 수 있어야 성공한다.

데이비드 브링클리
미국의 언론인이에요. 공익에 이바지한 공로로 열 번의 에미상과
세 번의 피버디상, 대통령 자유 훈장을 받았습니다.

고정욱의 한 마디 사람들은 쉽게 남들을 비난하거나 손가락질합니다. 우리는 그 벽돌들을 발전의 토대로 삼아야 합니다. 벽돌을 탄탄하게 쌓을수록 더 크게 성공합니다. **오늘 이렇게** • 상처 받는 일이 생기면 머릿속에 벽돌 하나를 쌓는 그림을 그리세요.

6월 30

나는 실패한 게 아니다. 나는 잘되지 않는 방법 1만 가지를 발견한 것이다.

토머스 에디슨
미국의 발명가이며, 사업가예요. 발명왕이라는 별명을 가질 정도로
세계에서 발명을 가장 많이 한 사람으로, 1,093개의 미국 특허가 그의 것입니다.

고정욱의 한 마디 "뜻이 있는 곳에 길이 있다."고 했습니다. 다만 그 길을 찾는 것은 아무나 할 수 있는 게 아닙니다. 직접 가 보지 않으면 알 수 없기 때문입니다. 오늘 비록 잘못된 길을 가더라도 신발 끈을 고쳐 매고 다시 길을 나서야 합니다. **오늘 이렇게** • "잘하고 있어. 다시 해 보자."라고 스스로에게 용기를 주세요.

7월
3

당신이 허락해 주지 않으면 아무도 당신이 열등감을 느끼게 만들 수 없다.

엘리너 루스벨트
미국의 프랭클린 루스벨트 대통령 아내예요.
대통령 여성 지위 자문 위원회 위원장, 유엔 총회 미국 대표,
유엔 인권 위원회 초대 위원장 등을 지내며
인도주의적 활동을 많이 한 가장 적극적인 영부인입니다.

고정욱의 한 마디 자존감이 낮은 사람은 남의 이야기에 쉽게 흔들립니다. 남들이 내 안에 들어와서 마음껏 헤집게 두기 때문입니다. 누구든 나에게 들어와서 마음껏 나를 흔들 수 없게 해야 합니다. 나의 주인은 나이기 때문입니다. **오늘 이렇게** • "나에게 누구도 상처를 줄 수 없다."라고 크게 외쳐 보세요.

6월
29

위대한 정신을 가진 사람들은 생각을 논한다. 평범한 사람들은 사건을 논한다. 마음이 좁은 사람들은 사람들을 논한다.

엘리너 루스벨트
미국의 프랭클린 루스벨트 대통령 아내예요.
대통령 여성 지위 자문 위원회 위원장, 유엔 총회 미국 대표,
유엔 인권 위원회 초대 위원장 등을 지내며
인도주의적 활동을 많이 한 가장 적극적인 영부인입니다.

고정욱의 한 마디 사람은 생각하는 동물입니다. 생각을 하기에 동물들과 다르지요. 생각을 통해 위대해질 수 있고, 생각을 통해 세상에 이바지할 수 있습니다. **오늘 이렇게** 내가 이 세상을 위해 이바지할 일은 무엇이 있는지 생각해 보세요.

7월 4

성공적인 삶의 비밀은 무엇을 하는 게 자신의 운명인지 찾아낸 다음 그걸 하는 것이다.

헨리 포드
'자동차의 왕'이라 불리는 미국의 사업가예요. 벨트 위에 부품을 올려놓고
자동차 조립을 순차적으로 하는 기술을 개발했습니다.

고정욱의 한 마디 이 세상 만물은 다 이유가 있어서 태어났으므로 저마다 소중한 역할이 있습니다. 자신에게 주어진 역할을 찾아내고, 실천으로 옮기는 사람이 성공의 길에 오르게 되지요. **오늘 이렇게** • 세상을 위해 내가 해야 할 일을 세 가지 적어 보세요.

6월
28

성공한 사람이 되려고 하지 말고 가치 있는 사람이 되려고 노력하라.

알베르트 아인슈타인
독일 출신 미국 물리학자예요.
시간과 공간이 하나로 결합된 '시공간'이라는 개념을 만들어 냈으며,
일반 상대성 이론을 연구했습니다.

고정욱의 한 마디 가치 있는 삶은 남과 더불어 잘사는 세상을 꿈꾸는 삶입니다. 그러므로 늘 남을 배려하고 희생하며 봉사하는 마음을 지녀야 합니다. **오늘 이렇게** • 나의 가치는 무엇인지 생각해 보고, 글로 정리해 두세요.

7월 5일

실속 있는 성과를 얻으려면 한 걸음 한 걸음이 힘차고 충실하지 않으면 안 된다.

알리기에리 단테

이탈리아의 시인이에요. 이탈리아 역사상 가장 위대한 작가이자, 서양사에 한 획을 그은 이탈리아의 대표적인 위인이지요. 대표 작품 《신곡》은 지옥에 다녀오는 이야기를 통해 인간의 삶에 경고하는 걸작입니다.

고정욱의 한 마디 자칫 게으름 피우면 하루가 후딱 갑니다. 날마다 하루를 꽉 채우는 마음으로 살아야 합니다. **오늘 이렇게** • 모든 일을 꼼꼼하고, 확실하게 처리하는 습관을 들이세요.

6월 27

사람을 알자면
하루
길을 같이 가 보라.

속담

고정욱의 한 마디 사람은 겉으로만 보아서는 알 수 없어요. 오랫동안 같이 지내 보아야 알 수 있지요. **오늘 이렇게** • 함께 여행 가고 싶은 친구를 적어 보세요.